1824

Anonyme

Des conflits de la juridiction de l'ordinaire

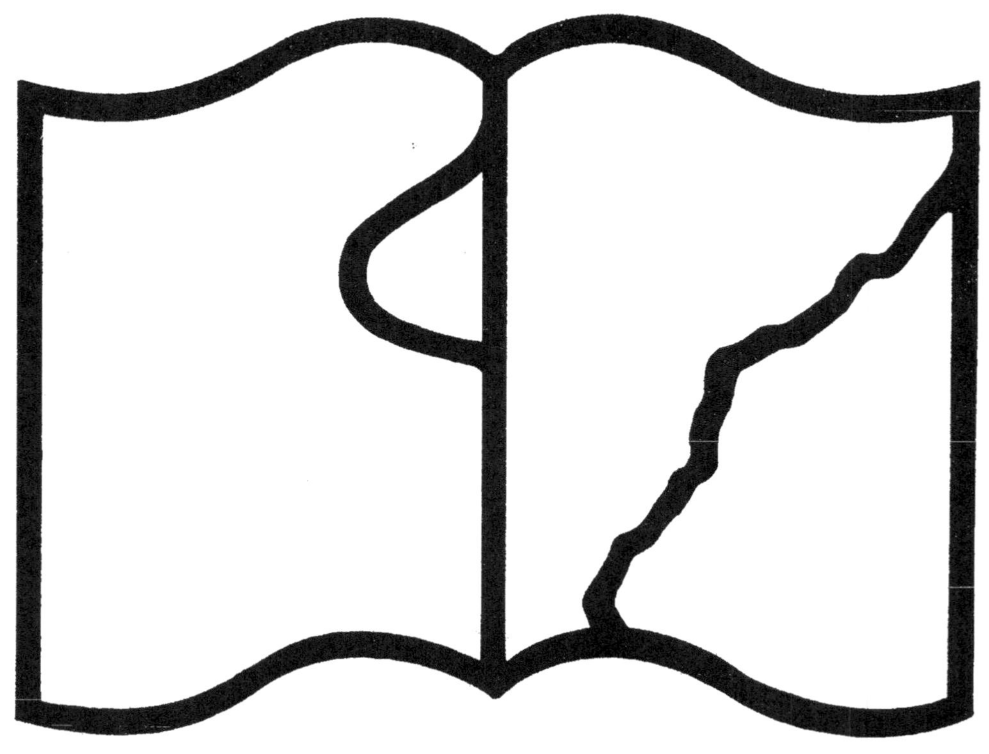

Symbole applicable
pour tout, ou partie
des documents microfilmés

Texte détérioré — reliure défectueuse

NF Z 43-120-11

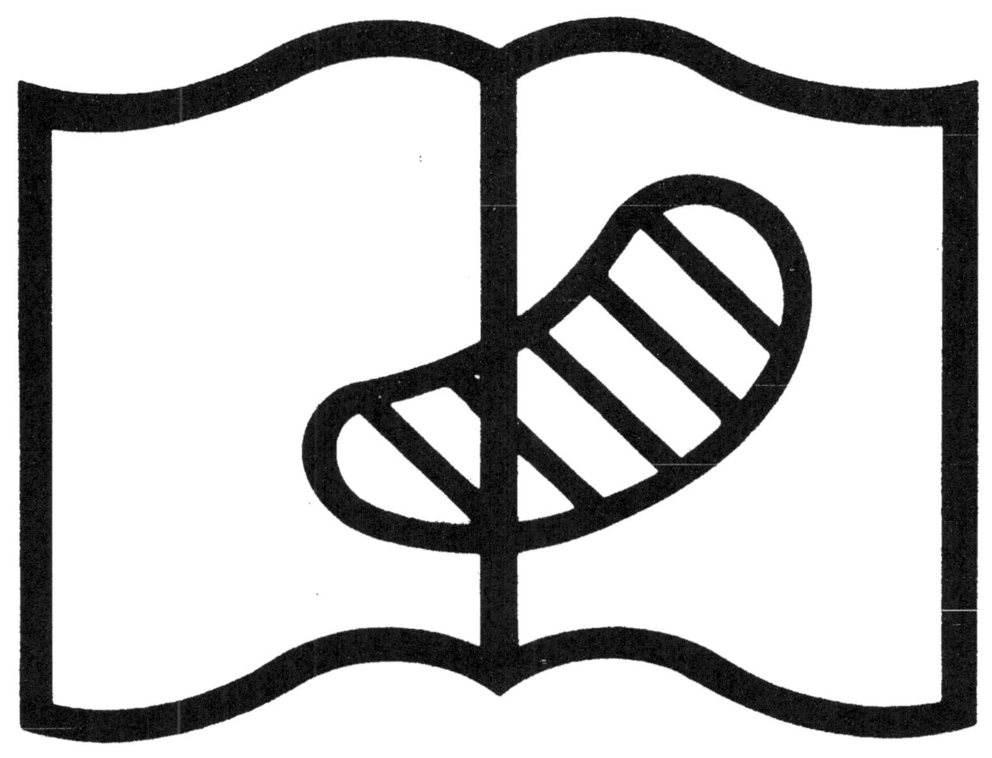

Symbole applicable
pour tout, ou partie
des documents microfilmés

Original illisible

NF Z 43-120-10

Par l'abbé Aimé Guillon. Voy. Barbier.

DES CONFLITS

DE LA

JURIDICTION DE L'ORDINAIRE

AVEC LES PRÉTENTIONS

DES GRANDS-AUMONIERS DE FRANCE.

PARIS. — DE L'IMPRIMERIE DE RIGNOUX,
rue des Francs-Bourgeois-S.-Michel, n° 8.

DES CONFLITS

DE LA

JURIDICTION DE L'ORDINAIRE

AVEC LES PRÉTENTIONS

DES GRANDS AUMONIERS DE FRANCE.

DISSERTATION

EXTRAITE D'UN OUVRAGE ENCORE MANUSCRIT.

Quam periculosam sit, in divinis rebus, ut quis cedat juri suo et potestati, Scriptura Sacra declarat. (Decret. 2a pars, causa VII, quæstio I, can. 9, *ex S. Cypriano.*)

PARIS,

GAUTHIER FRÈRES ET Cie, LIBRAIRES,

RUE ET HÔTEL SERPENTE, N° 16.

PICHARD, LIBRAIRE, QUAI CONTI, N° 5.

1824.

AVERTISSEMENT.

La présente dissertation, extraite d'un grand ouvrage qui ne tardera pas à paraître, est d'un homme laborieux qui, vivant dans la solitude, ignore les mouvemens de la ville et de la cour. Il n'a pour but, dans ses infatigables recherches, que ce qui est juste et vrai. Ceux à qui cette production pourrait plaire ne lui sont pas plus connus personnellement que ceux à qui elle pourrait déplaire. Relégué par ses habitudes, ses goûts et son âge, à une égale distance des uns et des autres, ne faisant sa cour qu'à la vérité et à la justice, c'est d'elles seules qu'il paraît ambitionner les suffrages.

DES CONFLITS

DE LA

JURIDICTION DE L'ORDINAIRE

AVEC LES PRÉTENTIONS

DES GRANDS AUMONIERS DE FRANCE.

DISSERTATION EXTRAITE D'UN OUVRAGE ENCORE MANUSCRIT.

« JAMAIS, disait en 1777 le plus récent des historiens de la chapelle des rois de France, M. l'abbé Oroux, jamais *l'autorité spirituelle* du chef du clergé de la cour n'avait reçu de si fréquentes ni de si rudes atteintes que depuis que le cardinal de Noailles occupait le siége de Paris (1) », c'est-à-dire depuis la fin de 1695. L'autorité que l'historien revendiquait pour le

(1) *Histoire ecclésiastique de la cour de France*. Deux tomes in-4°, en 1776 et 1777. *Voyez* la page 568 du tome II.

chef du clergé de la cour, qui est, depuis 1545 ou 1546 seulement, le grand aumônier, n'était rien moins que l'autorité épiscopale sur la cour et sur toutes les maisons royales, sans aucune dépendance de la juridiction canonique de l'évêque diocésain, qu'en droit on appelle communément *l'ordinaire* (1). L'abbé Oroux en revendiquait, par cela même, une part, quoique mince, pour son compte; car il était chapelain de la chapelle du roi, et l'un des cliens-courtisans du grand aumônier de son temps.

Nous avons quatre histoires de cette chapelle, écrites à différentes époques; mais il n'en est pas une qui ne soit l'ouvrage de semblables protégés, intéressés à embrouiller les faits, à préconiser les abus, pour tirer de ce chaos des conclusions de droit favorables aux prétentions de leur patron. C'est dans cet esprit qu'en 1704 l'abbé Archon, chapelain du Roi, avait publié une *Histoire de la chapelle des rois de France*; qu'en 1645, l'abbé du Peyrat, aumônier du roi *par quartier*, et trésorier de la Sainte-Chapelle royale de Vincennes, dépendante du grand aumônier, avait mis au

---

(1) *Ibid, ibid,* page 59.

jour ses *Antiquités de la chapelle et oratoire du roi de France*; qu'en 1605, un avocat du parlement de Paris, Sébastien Roulliard, après avoir plaidé pour les bulles et priviléges de la Sainte-Chapelle royale de Paris, dépendante aussi de la grande aumônerie (1), donna au public son livre intitulé *Le Grand-Aulmonier de France*, dans lequel il mit cet officier ecclésiastique au-dessus de toutes les dignités de la cour, excepté seulement celle du roi.

Depuis que l'abbé Oroux, le plus récent de ces écrivains, est venu décréditer, dans sa préface, ses trois prédécesseurs, surtout l'abbé Archon, en l'accusant même d'avoir cité avec infidélité les pièces dont il s'appuyait, et de leur avoir fait dire le contraire de ce qu'elles portaient (2), il ne paraîtrait plus nécessaire de combattre l'autorité des trois premiers historiens de la chapelle du roi, en ce qui concerne le sujet de notre discussion; et cette discussion ne semblerait devoir être engagée qu'avec l'abbé Oroux,

(1) Voyez son traité *De l'Antiquité, Vénération et Priviléges de la Sainte-Chapelle du palais royal de Paris*, vol. in-12; Paris, 1606.

(2) Tome I, *Préface*, pag. xvij et suiv.

qui croyait, non sans fondement, avoir beaucoup mieux fait que ses trois prédécesseurs (1); mais comme il s'appuie néanmoins quelquefois sur eux, il nous faudra donc bien aussi revenir sur celles de leurs assertions dont il se fait des autorités incontestables.

Quelque amères que fussent ses plaintes contre M. de Noailles, il en restreignait cependant l'objet pour ne pas trahir sa cause; car cet archevêque avait bien plus fait que « porter à l'*autorité spirituelle* du chef du clergé de la cour des atteintes rudes et fréquentes; » il l'avait fait évanouir en se conduisant à son égard comme si elle n'était qu'une chimère, comme si ce chef du clergé de la cour n'en avait aucune de ce genre; et ce qu'il y a de plus remarquable encore, c'est que les grands aumôniers qu'eut le roi, pendant le long archiépiscopat de M. de Noailles, à savoir l'impérieux cardinal de Bouillon, les cardinaux de

(1) Il fut cependant accusé de mauvaise foi, plus encore que d'ignorance, sur un fait particulier des premiers temps, par le P. Mulot, chanoine régulier et bibliothécaire de Saint-Victor, dans une lettre du 20 septembre 1778, insérée dans le *Journal des Savans*, de janvier 1779, pag. 36, et imprimée à part, in-4°.

Janson et de Coislin, enfin le cardinal de Rohan, si puissant en crédit à la cour, se conduisirent comme s'ils manquaient de moyens pour défendre cette incertaine autorité. Les seuls appuis qu'ils pussent avoir consistaient en dix vieux coffres contenant une multitude de bulles à priviléges, données par les papes, sur la demande de nos rois, aux XIIIe et XIVe siècles (1); mais parmi ces bulles il en est quelques-unes que de plus hardis qu'eux ont tournées à l'avantage de la grande aumônerie, telle qu'elle est constituée de nos jours.

Pour bien entendre la question, il est bon d'être prévenu, avant que nous en fournissions

---

(1) Voyez le *Recveil des Roys de France, leurs couronne et maison;* par Jean Dutillet, protonotaire et secrétaire du roy, greffier de son parlement; 2e édit. in-4°; Paris, 1607, depuis la page 439 jusqu'à la page 459. Quelques-unes des bulles dont cet auteur donne l'inventaire, portent que le Roi aura le privilége de ne pouvoir être excommunié que par le pape. L'un des coffres dont il s'agit était étiqueté ainsi : *Bullæ papales, quamplurima privilegia et facultates regibus, reginis et regiis officiis et familiaribus concessa, pertinentes;* un autre coffre portait l'étiquette suivante : *Bullæ, recommandationes, exortationes, orationes, et excusationes plurium romanorum pontificum regi Franciæ.*

les preuves, que, dans la période des deux siècles du moyen âge où ces bulles à priviléges furent données, l'aumônier du roi, auquel a succédé le grand aumônier des temps modernes, n'avait à la cour qu'un rang inférieur à celui du confesseur, et qu'il restait tout-à-fait étranger aux soins de la chapelle; qu'elle était tout entière sous la direction du confesseur, lequel par cela seul était l'archichapelain; et que les bulles à priviléges, dont se prévalent les avocats du grand aumônier, ne furent données que pour le confesseur, dont les fonctions bien supérieures n'étaient aucunement dans les attributions de l'aumônier. Prenons connaissance de ces bulles, en remarquant toutefois que les grands aumôniers n'en peuvent produire aucune qui leur applique les priviléges accordés aux confesseurs.

Dans l'inventaire que l'exact Jean Dutillet nous a laissé de ces bulles, soit en coffres, soit en layettes ou liasses, les plus anciennes sont d'Honorius III, d'Alexandre IV, de Grégoire X, de Jean XXII et de Benoît XI ou XII; mais, comme elles n'ont pas un rapport aussi direct à la question dont il s'agit, que les bulles du successeur immédiat de ce dernier, que celles de Clément VI, qui donnèrent plus formellement au confesseur la plus haute juridiction spirituelle sur la cour, c'est de celles-là que nous nous occuperons plus spécialement.

Clément VI fut prodigue de ces sortes de faveurs envers notre roi Jean et sa femme Jeanne; et il n'en est pas une dont il n'eût voulu faire partager les priviléges à leurs successeurs. Nous disons qu'il en fut prodigue, et parce qu'il ne leur en donna pas moins de vingt-une ou vingt-deux, et parce qu'il les donna toutes le même jour; car, par une singularité que nous nous abstiendrons de qualifier pour le présent, toutes sont du 12 des calendes de mai, de la neuvième année de son pontificat, c'est-à-dire du 20 avril 1351.

Celles qui se rapportent plus directement à notre objet sont, 1° la bulle par laquelle ce pape donna pouvoir au roi Jean, à la reine Jeanne, sa femme, et à leurs successeurs, rois et reines, de choisir leurs confesseurs, leur conférant d'avance le pouvoir d'absoudre ces monarques et leurs épouses de tous péchés, même de ceux pour lesquels il fallait aller à Rome (1); 2° la bulle qui donna à ces confesseurs et à leurs compagnons ou chapelains le

---

(1) *Recueil de Dutillet*, pag. 442.

pouvoir d'entendre les confessions des domestiques de ces rois et reines, de les absoudre de tous péchés, excepté pourtant de ceux dont l'absolution était réservée au pape, et de leur administrer le sacrement de l'autel (1); 3° une bulle qui autorisait ces confesseurs à dispenser les rois et reines, d'après le conseil des médecins, de la loi qui prescrit l'abstinence des viandes aux temps et jours fixés par l'Église (2); 4° une bulle qui accordait aux chapelains et clercs de la chapelle du roi la dispense de résider dans les bénéfices à charge d'âmes dont ils seraient pourvus, et le privilége d'en percevoir les revenus (3); 5° une bulle qui défendait que nul, c'est-à-dire aucun évêque, ne pût, sans un ordre spécial du saint-père, mettre en interdit les chapelles du roi, de la reine, et des successeurs de l'un et de l'autre (4).

Clément VI ne pouvant se dissimuler que, par ces bulles, la juridiction des évêques et des curés était anéantie par rapport aux personnes de la cour, au point qu'en l'absence du

---

(1) *Recueil de Dutillet*, pag. 445.

(2) *Ibid*, pag. 443 et 444.

(3) *Ibid*, pag. 444.

(4) *Ibid*, pag. 445.

confesseur elles seraient tout-à-fait privées des sacremens, même à l'article de la mort, ajouta le même jour deux autres bulles, par l'une desquelles, voulant épargner au confesseur la peine que lui causerait l'administration spirituelle de tous les gens de la cour, il *permettait* aux curés des paroisses sur lesquelles se trouveraient le roi Jean, la reine Jeanne et leurs successeurs, de donner les sacremens de l'Église à leurs domestiques et autres personnes de leur suite(1). Par la seconde de ces deux bulles, Clément VI déclara que, dans le cas de nécessité, ces domestiques et autres gens de la suite seraient réputés, en ce qui concernait les sacremens, sujets et paroissiens des évêques et curés, comme s'ils étaient nés dans le diocèse des uns et sur la paroisse des autres (2).

---

(1) *Recveil de Dutillet*, pag. 445.

(2) *Ibid*, pag. 445 et 446. D'autres bulles méritent particulièrement d'être remarquées : 1° une du pape Clément VI, datée du 12ᵉ des calendes de mai 1351, donnant pouvoir au roi Jean et à la reine sa femme, leurs successeurs, roys et reines, de pouvoir ordonner que leurs corps fussent après leurs décès divisés des membres, embaumés et ensevelis en une ou plusieurs églises (Dutillet, pag. 443); 2° bulle du pape Jean XXII, du 5 des nones de juillet 1320, permettant au roi Charles-*le-Bel*

Deux choses deviennent ici très-importantes à connaître, 1° quelle avait été la jurisprudence canonique suivie à la cour de France, depuis l'origine de la monarchie jusqu'à l'époque où commencèrent ces priviléges ; 2° quelle était, au temps de ces priviléges et dans la suite, la condition de l'aumônier du roi, eu égard à celle du confesseur qui par sa charge et son titre fut, jusque vers 1546, le chef de la chapelle, le chapelain ou archichapelain du roi. Nous examinerons ensuite si les priviléges pontificaux conservèrent long-temps leur vigueur après le règne de Martin V ; si le grand aumônier put commencer cent seize ans plus tard à se les appliquer, et finalement quelle en est la valeur.

---

d'ordonner, par son testament, la division de son corps après sa mort, pour être enseveli en diverses églises (Dutillet, pag. 453); 3° bulle du même pape, datée du 12e des calendes de mai 1314, accordant cent quarante jours d'indulgence à ceux qui assisteraient au sermon de Philippe-*le-Long*, régent en France (Dutillet, pag. 453). Il n'est pas une de ces bulles qui parle de l'aumônier, même celles qui concernent les aumônes du roi, et dans lesquelles on voit le monarque autorisé à faire servir ces aumônes à remplir le devoir de la restitution pour les biens mal acquis, quand il ne saurait pas à qui les rendre (pag. 445 et 451).

§ I.

Quelle fut la jurisprudence canonique suivie pour le clergé de la cour sous la première dynastie, et sous les premiers règnes de la seconde, jusqu'au XIIIe *siècle, époque des bulles à priviléges?*

L'abbé Oroux, en ne commençant son *Histoire ecclésiastique de la cour de France* qu'à la seconde dynastie, semble avoir craint d'avouer que le chef de la chapelle de Clovis fut son propre évêque, celui de Reims, saint Remi, dans le diocèse duquel il était né pour l'Église, par sa régénération dans les eaux du baptême. Le partage de ses états entre ses quatre fils, ayant fait Childebert Ier, roi de Paris et du territoire qui l'environne, qu'on peut regarder comme le premier royaume de France, c'est là qu'il suffit d'aller chercher les premiers usages ecclésiastiques dont il s'agit; or nous voyons que les chefs de la chapelle des rois de ce royaume furent des évêques de Paris, à savoir: saint Germain sous Childebert, et ensuite saint Landry sous Clovis II, Agilbert sous Clotaire III. Ces chefs de la chapelle, en tant qu'ils étaient près du prince, avaient le titre d'*acri-*

siaires ou de *responsals*, parce que c'était à eux qu'aboutissaient toutes les affaires ecclésiastiques du royaume, de la même manière que les affaires majeures des suffragans d'une province aboutissent à leur métropolitain; et le royaume n'était guère alors que comme une province dont Paris était la métropole. Si Dagobert, qui réunit sous son sceptre tous les états qu'avait possédés Clovis, eut successivement pour acrisiaires l'évêque de Cologne, Cunibert; l'évêque de Metz, Arnould; l'évêque de Noyon, saint Éloy; c'est que, lorsqu'il prit chacun d'eux en cette qualité, il se trouvait sur son diocèse; et le prélat, ne devenant *responsal* que pour les affaires de la province, n'agissait réellement qu'en vertu des pouvoirs de l'ordinaire. On ne suivait pas d'autre ordre à cet égard que celui dont le grand Constantin avait donné l'exemple à Constantinople comme à Rome, même encore dans les villes principales où il se transportait, et qu'on appelait *siéges principaux*. Hincmar de Reims nous atteste que les évêques de ces siéges devenaient alors les acrisiaires de l'empereur (1). Rien ne se faisait donc au nom du roi, dans l'ordre ecclésiastique,

(1) *Et sic Responsales tàm romanæ sedis, quàm et*

que par le principal évêque de la province où le prince se trouvait; et c'est pour cette raison qu'à titre d'acrisiaire, il avait la présidence ecclésiastique dans les synodes auxquels le roi assistait.

Le devoir de la résidence, prescrit si rigoureusement en 347 par le concile de Sardique, d'après les plaintes d'Osius, évêque de Cordoue, contre les évêques qui quittaient leurs diocèses pour venir à la cour, ce devoir était observé en France, aux VIIe et VIIIe siècles, plus qu'on ne voudrait le faire penser; car, à l'avénement de Pépin à la couronne, vers 750, aucun des évêques de ce temps-là ne crut pouvoir, en conscience, demeurer à la cour. Tous étaient intimement convaincus qu'ils devaient continuellement veiller sur leurs diocésains, et leur fournir sans interruption le double secours de l'instruction et des bons exemples : c'est Hincmar lui-même qui l'assurait vers 848, d'après le témoignage d'Adhélard, qui fut l'un des familiers de Charlemagne, et que dans sa jeunesse il avait connu très-vieux (1). Voilà

---

aliarum præcipuarum sedium, in palatio pro ecclesiasticis negotiis excubabant. (Ep. ad *Proceres regni.* N° XIII.)

(1) *Quia episcopi, per continuas vigilias supra gregem*

pourquoi Pépin ne put avoir pour chapelain aucun évêque; et le prêtre Fulrad, abbé de Saint-Denis, auquel il donna cette charge, ne put l'accepter et en remplir les fonctions que « du consentement des évêques, » parce que, sans ce consentement, qui était une concession de pouvoirs de la part de chacun d'eux, pour les cas où le chapelain passerait sur son diocèse propre avec le monarque, Fulrad n'aurait pu le confesser ni lui administrer les sacremens (1).

Pépin, enorgueilli par sa royauté, essaya de se délivrer de cette juridiction des évêques, en demandant au pape Paul Ier de lui adresser comme légats un archevêque, George, et un curé nommé Pierre, dont il ferait son archichapelain et son chapelain. Le pape n'avait rien à refuser à un prince dont le saint-siége avait reçu les vingt-deux villes d'Italie par lesquelles avait commencé la souveraineté temporelle des pontifes de Rome. Paul ayant fait ce que Pépin désirait, les évêques de France s'op-

---

suum debent assiduè, exemplo et verbo vigilare, et non diutiùs, secundùm sacros canones, à suis abesse parochiis. (*Ibid*, N° XIV.)

(1) *Consensu episcoporum, per Fulradum presbyterum, extitit hoc ministerium executum.* (*Ibid.* N° XV.)

posèrent à ce que Georges et Pierre occupassent les places qu'il leur destinait. Ils ne les crurent pas suffisamment dispensés de la résidence par le bref du pape (1). Le premier fut renvoyé à son archevêché, le second à sa cure; et Fulrad continua d'être l'archichapelain de Pépin.

Il fut encore jusqu'à sa mort, vers 784, celui de Charlemagne, malgré le capitulaire par lequel ce monarque, la seconde année de son règne, mû par le même sentiment d'orgueil que Pépin, avait exigé qu'un ou deux évêques l'accompagnassent dans ses voyages et à la guerre (2). Ce monarque donna pour successeur à Fulrad, dans l'archicapellenie, l'évêque de Metz, Angilram; mais alors Charlemagne était sur le diocèse de ce prélat; et, pour l'emmener avec lui sans l'autorisation des autres évêques, il s'y fit autoriser par un bref du pape Adrien Ier, qui lui était entièrement dévoué; mais les évêques récriminèrent, et ce fut pour cela qu'à la mort d'Angilram, en 791, Charlemagne prenant pour archichapelain Hilde-

(1) Voyez ce bref dans le grand recueil, commencé par dom Bouquet: *Rerum gallicarum scriptores*, à la page 519 du tome V.

(2) Voyez *Capitularia reg.* L. VII, ch. 123, can. 1.

bald, évêque de Cologne, sur le diocèse duquel il se trouvait alors, eut recours au concile de Francfort, tenu en 794, pour se faire autoriser à tenir près de sa personne, dans ses courses comme dans son palais, le prélat Hildebald (1).

---

(1) *Dixit etiam dominus rex in eâdem Synodo, se à sede apostolicâ, id est ab Hadriano pontifice, licentiam habuisse ut Angilramnum archiepiscopum (Metensem) in suo palatio assiduè haberet propter utilitates ecclesiasticas. Deprecatus est eamdem Synodum ut eo modo simul Angilramnum habuerat, ita etiam Hidebaldum episcopum habere debuisset; quia et de eodem, sicut et de Angilramno, apostolicam licentiam habeat. Omnis Synodus consensit, et placuit eis eum in palatio esse debere propter utilitates ecclesiasticas.* (Can. LV.) Par ces derniers mots, les attributions des acrisiaires de la première dynastie semblaient être conservées aux archichapelains de la seconde. Ils étaient les entremetteurs des évêques auprès du prince pour les intérêts de l'épiscopat; mais ils l'étaient du consentement de ceux-ci, et sans préjudice pour leurs droits. C'est ce qu'on voit encore dans un synode de Quercy-sur-Oise, près Noyon, sous Louis-*le-Débonnaire*, où les évêques le prièrent de retenir dans son palais un d'entre eux qui traiterait avec lui de leurs affaires et de celles de leurs églises.

Comme l'archichapelain était en même temps le chancelier ou secrétaire du prince; et comme presque toutes les affaires de l'État se rapportaient aux choses de la religion, ainsi qu'on le voit par les capitulaires de nos rois, dressés en

L'ordre précédent que regrettaient les évêques, et dont probablement ils demandaient le retour, afin que la loi de la résidence ne fût pas violée, se rétablit au commencement du règne de Louis-*le-Pieux*, trop irrespectueusement appelé *le Débonnaire* (1). Ce monarque

---

ces assemblées de seigneurs laïques et d'évêques, au mois de mai, ces assemblées n'étaient guère que des synodes religieux. Comme l'archichapelain acrisiaire et chancelier s'y trouvait nécessairement avec le roi; comme il y était le principal pivot des affaires religieuses auxquelles toutes les autres venaient aboutir, cette espèce de présidence ecclésiastique lui fit décerner le titre d'*archiprêtre* quand il n'était que prêtre, et celui d'*archevêque* lorsqu'il n'était qu'évêque. Mais il paraît que bientôt, dans ces assemblées, les archevêques le firent descendre à son rang hiérarchique; car, en 855, au concile de Pavie, tout convoqué qu'il était par l'empereur Louis II, fils de Lothaire et petit-fils de Louis-*le-Débonnaire*, son archichapelain, Joseph, qui n'était qu'évêque d'Ivrée, ne signa qu'après deux archevêques. (Voyez la remarque de Baluze sur ce concile, dans *Capitularia reg.* tom. II, pag. 1294.)

(1) Louis, qui, en sa qualité d'empereur, avait le droit d'empêcher que les papes ne prissent possession du souverain pontificat avant qu'il eût confirmé leur élection, les ayant laissé s'installer sans qu'il la confirmât, « les Italiens, dit le malin Etienne Pasquier, les Italiens qui, en s'agrandissant par l'effet de ces dépouilles, ne furent chiches de belles paroles, voulurent attribuer ceci à une piété; et, pour cette

prit pour archichapelain, avec le consentement du corps épiscopal, suivant l'ancien usage consacré par le second concile général de Nicée, tenu en 787 (1), le prêtre Hilduin, abbé de Saint-Denis, puis le prêtre Foulques, abbé de Saint-Rémy de Reims. Foulques étant devenu archevêque de Reims, en restant archichapelain de Louis, ouvrit la porte de l'archicapellenie du roi au frère naturel de celui-ci, à Drogon, qui était évêque de Metz. Mais quand Louis prit Drogon pour archichapelain, il était dans son palais d'Attigny, en Lorraine,

---

cause l'honorèrent Louis du mot latin *pius;* et les sages mondains de notre France l'imputant à un manque et faute de courage, l'appelèrent *le Débonnaire*, couvrant sa pusillanimité du nom de débonnaireté : sur ce propos, il me souvient que le roi Henri III disait, en ses communs devis, qu'on ne lui pourrait faire plus grand dépit que de le nommer *le débonnaire*, parce que cette parole impliquait sous soi je ne sais quoi de sot. »

(1) Par son canon 10 : *Quoniam nonnulli clerici, canonicam constitutionem circumscribentes, suâ relictâ paræciâ... excurrunt ut plurimum autem in hanc... imperatoriam urbem* (*Constantinopolitanam*), *et apud principes assident, et in eorum oratoriis divina ministeria faciunt;* eos SINE PROPRIO EPISCOPO *et Constantinopolitano non licet in* QUAVIS ÆDE *vel ecclesiâ recipi. Si quis autem hoc fecerit, si perseverat, deponatur.*

qui, maintenant dépendant du diocèse de Toul, se trouvait alors dans celui de Metz, et par conséquent sous la juridiction épiscopale de Drogon. Louis restait donc sous celle de l'ordinaire. Ce fut sous Drogon qu'à raison de ce qu'il était frère du roi, quoique bâtard, l'archichapelain fut appelé « prélat de la sainte et souveraine dignité palatine (1). »

Quand Charles-*le-Chauve* prit pour archichapelain Ébroin, évêque de Poitiers, il était venu dans ce pays prendre possession de l'Aquitaine, dont Poitiers était un des principaux siéges; mais retourné à Paris, il reprit pour archichapelain le prêtre Hilduin, encore vivant. A la mort de celui-ci, ce fut son successeur dans la dignité d'abbé de Saint-Denis, c'est-à-dire le prêtre Gauzlin, que Charles-*le-Chauve* eut pour archichapelain, et cela toujours du consentement des évêques.

En remontant aux premiers temps du règne de Charles-*le-Chauve*, lorsque Drogon était encore son archichapelain, nous voyons

(1) *Drogo... Summæ sanctæ Palatinæ dignitatis Præsul.* (Voy. dans les *Acta ordinis sancti Benedicti : Sæculum* IV : *pars secunda*, pag. 121 : Diplôme de la mission de saint Anschaire dans le Nord, vers 839.)

que ce prélat fut mis en jeu par l'empereur Lothaire, pour le seconder dans ses vues d'envahissement sur la France. Lothaire, à cet effet, fit donner à Drogon, par le pape Sergius II, le titre de délégué du saint-siége sur toutes les provinces à l'ouest des Alpes; mais les évêques gallicans s'opposèrent à l'exercice de cette nouvelle autorité; et Drogon céda pour ne pas occasioner un schisme dans l'Église : du moins c'est l'intention que lui suppose Hincmar (1). Dans ces premiers temps-là même, on les vit donc résister aux empiètemens de Rome sur la juridiction de l'ordinaire.

Elle était encore bien religieusement respectée dans les premiers siècles de la troisième dynastie, sous Louis-*le-Jeune*, depuis 1137 jusqu'à 1180. Quand ce roi vint, pour son premier mariage, en Aquitaine, la première année de son règne, et qu'il s'arrêta d'abord à Angou-

---

(1) *Drogo Metensium episcopus, fastu regiæ prosapiæ subvectus, prælationem in Cisalpinis regionibus tempore Lotharii imperatoris apud Sergium papam obtinuit. Sed quod affectu ambiit, effectu non habuit; et quod efficaciæ usu, non consentientibus quibus intererat, obtinere non potuit, patientissimè, ut eum decuit, toleravit, nè scandalum fratribus sacerdotibus generans, schisma in ecclesiam introduceret.* (Hincmar, *Epist.* V, cap. 30.)

lème, il en reconnut l'évêque pour son archichapelain. L'abbé Oroux croit que ce fut parce que l'évêque lui représenta que c'était un privilége de son siége quand les rois de France avoient passé la Loire. Mais pourquoi recourir à des priviléges obscurs, quand le droit seul de l'ordinaire explique ce fait? Et cette explication est si vraie, que le mariage ayant été célébré ensuite à Bordeaux, ce fut l'ordinaire, c'est-à-dire l'archevêque de cette ville, qui donna la bénédiction nuptiale. Quand Louis-*le-Jeune*, après avoir répudié sa première femme, épousa Constance de Castille, à Orléans, en 1554; et quand, devenu veuf de celle-ci, il épousa Alix, fille du comte de Champagne, à Paris, en 1160, ces deux mariages ne furent-ils pas bénits par le métropolitain de ces deux villes, c'est-à-dire par l'archevêque de Sens? Vainement l'abbé Oroux, pour embrouiller la question, vient nous dire que l'archevêque de Reims opposa des protestations, prétendant que ces deux cérémonies devaient être faites dans son église et par lui-même; ce prélat n'était ni l'archichapelain, ni l'évêque du monarque; et les protestations ne pouvaient regarder que le sacre des deux reines, qui fut fait par le prélat ministre du sacrement de mariage. Mais le droit du sacre des rois n'appartenait point encore spécialement à l'archevêque de Reims; il ne lui fut donné par Louis-*le-Jeune* qu'à la fin de 1179, quand ce roi fit sacrer son fils Philippe-Auguste, et pour la seule raison qu'alors le prélat de Reims, le cardinal de Sabine, était beau-frère de Louis.

La juridiction de l'ordinaire immédiat avait été reconnue d'ailleurs en 1165, pour le baptême du fils de Louis-*le-Jeune*, quoique célébré dans la chapelle de *Saint-Michel*, attenante à son palais. Le jeune prince avait été baptisé par l'évêque de Paris, Maurice de Sully.

On reconnaissait même encore cette autorité de l'ordinaire sur le matériel comme sur le personnel des chapelles du roi; cette autorité, disons-nous, que le plus célèbre des conciles de Paris, en 829, avait proclamée par son canon VI, « en défendant d'établir aucune chapelle dans le palais même des rois, sans la permission de l'évêque dans le diocèse duquel il se trouvait (1). » Ce canon, adopté par les rois mêmes, est consigné dans leurs capitulaires (2).

(1) *Ne capellæ in palatio vel alicubi sinè permissu episcopi in cujus est parochiâ fiant.* (*Concil. Parisiense* VI, L. III, c. 10.)

(2) *Capitularia reg.*, L. V, c. 334, tom. I, col. 896.

La période des bulles à priviléges pour le clergé de la cour des rois de France, ne commença guère qu'à la fin du règne de Louis VIII, et sous la régence de sa veuve, la reine Blanche, qui recourait bien vite au pape quand ce clergé était contrarié par la juridiction de l'ordinaire. Une chapelle royale qu'elle avait sur le diocèse de Rouen ayant été interdite par l'archevêque, parce que les valets des desservans de cette chapelle avaient blessé le prélat dans ses droits temporels, Grégoire IX, à la demande de Blanche, défendit par une bulle d'interdire les chapelles royales, sans une permission expresse du saint-siége. Vinrent ensuite successivement toutes les autres bulles à priviléges que nous avons fait connaître.

§ II.

Quelle était au temps de ces bulles à priviléges la condition de l'aumônier du roi, eu égard à celle du confesseur, qui, par sa charge et son titre, fut, jusque vers 1546, *le chef de la chapelle, le chapelain ou archichapelain du roi?*

Nous avons déjà vu que ces priviléges de juridiction spirituelle sur les personnes de la cour, ne furent accordés qu'au confesseur. L'aumônier, c'est-à-dire le distributeur des aumônes du roi, n'eut jamais de bulles à priviléges que pour les hôpitaux ou maladreries fondées par les rois; et ces priviléges se bornèrent au temporel de ces établissemens. En pouvait-il être autrement, puisque l'aumônier n'était que laïque?

Depuis le règne de Philippe-*Auguste* (1180), jusqu'en 1307, le trésor royal, placé dans ce gothique donjon du *Temple* qui, de nos jours, est devenu si tristement célèbre, avait eu pour gardien un frère Templier. On regardait comme habiles en finance les chevaliers de cet ordre militaire, parce qu'ils avaient su faire passer à Louis-*le-Jeune* l'argent qu'en France on recueillit pour lui pendant sa croisade; et leur réputation de banquiers fit aussi conférer à l'un d'eux la charge d'aumônier du roi, c'est-à-dire de distributeur de ses aumônes. L'aumônier, ainsi que le gardien du trésor, demeurait au *Temple*, tandis que le confesseur résidait à la cour. Le rang de celui-ci était tellement supérieur à celui de l'aumônier, que ce fut devant le confesseur de Philippe-*le-Bel*, que, dans le fameux procès des Templiers commencé en 1307, le chevalier aumônier du roi, de même que ses confrères Templiers subit son interrogatoire. Il périt avec cinquante-huit d'entre eux dans le bûcher qui les réduisit en cendres l'année suivante, hors de la porte *Saint-Antoine*.

Les aumôniers que les rois eurent ensuite, furent encore quelquefois des laïques : de là vient que, lorsqu'en 1412, Jean XXIII, à la sollicitation de Charles VII, enleva par une bulle à l'archidiacre de Paris l'administration de l'hospice des *Quinze-Vingts*, il n'en investit l'aumônier que dans le cas où celui-ci serait au moins sous-diacre : *Dummodò sit in aliquo sacrorum ordinum constitutus ;* à défaut de quoi, le pape voulait qu'elle appartînt au premier chapelain des *Quinze-Vingts* (1).

La juridiction de l'aumônier n'était que temporelle et fiscale; mais elle lui procurait une grande considération, parce qu'elle s'étendait sur toute la France, et non-seulement à raison de ce que tous les sujets du roi pouvaient aspirer aux largesses que l'aumônier distribuait, mais encore parce que tous les hôpitaux et hospices royaux de la monarchie étaient sous son autorité. On n'en comptait pas moins de quatre

---

(1) Felibien : *Histoire de Paris*, tom. I, pag. 397 ; et Dutillet : *Recueil*, pag. 435.

cent six sous Charles VII (1). L'aumônier eut, pour le seconder dans ses fonctions, un vicaire général; et le vicaire général (*vices gérens*) de la grande aumônerie, sous Louis XIV même, ne suppléait le grand aumônier qu'en ce qui concernait les hôpitaux et maladreries de France (2).

Cette charge procurait tant d'honneurs et une si flatteuse clientelle, qu'elle fut ambitionnée et obtenue quelquefois par des évêques, tandis que celle de confesseur-chef de la chapelle, quoique supérieure en rang à la cour, n'était remplie que par de simples prêtres. La dignité épiscopale dont les rois firent revêtir quelques-uns d'entre eux, n'empêche pas de dire qu'il suffisait d'être prêtre pour occuper cette charge. Ils n'étaient pas plus élevés dans l'ordre hiérarchique, et ce Jean Lhuilier qui la remplit sous Louis XI, et ce Jean de Rely qui l'eut sous Charles VIII, et ce Guillaume Petit qui l'occupa sous Louis XII, et même trois ans sous François Ier, avant d'être promu à l'évêché de Troyes.

La dignité de confesseur-chef de la chapelle

---

(1) Voyez l'état dressé et imprimé par Jean d'Aussy, évêque de Langres, et aumônier de Charles VII.

(2) Voyez *État de la France*, par le chapelain Trabouillet, en 1699, tom. I, pag. 21.

était si supérieure, que Philippe-*le-Long*, par une ordonnance de 1318, y avait joint le droit de nommer à tous les bénéfices de collation royale : ce qui ne s'était fait jusque-là que par un conseil établi pour cet objet. Louis XI n'eut pas à s'applaudir d'avoir changé l'ordre, quand il prit Jean Cœur, archevêque de Bourges, pour aumônier et pour confesseur, en lui adjugeant la nomination aux bénéfices; ni quand il accumula ces trois prérogatives sur la tête du fameux Jean Balue, simple chanoine-trésorier de la cathédrale d'Angers, dont cet odieux personnage sut bientôt envahir l'évêché, et qui se procura le chapeau de cardinal en faisant abolir la pragmatique-sanction de Charles VII. Après sa trahison si connue, Louis XI sépara la charge d'aumônier de celle de confesseur; puis il les réunit sur la tête de celui-ci en la personne de Jean Lhuilier qu'il estimait beaucoup. L'ayant appelé *mon grand aumônier* dans une lettre qu'il écrivit en 1483 aux chanoines de Meaux, pour les engager à l'élire pour leur évêque (1); ayant par-là mis la charge

(1) Dans une lettre du 21 mai 1483. Voyez *Histoire de l'Église de Meaux*, par Dom Toussaint, où elle est rapportée à la page 322, tom. I.

de grand aumônier du roi au-dessus de celle de confesseur-archichapelain, celle-ci fut peu ambitionnée par les évêques. Ils préférèrent la dignité de grand aumônier du roi; Geoffroi de Pompadour, évêque de Périgueux, l'obtint de Charles VIII, lors de son avènement à la couronne; et le confesseur-chef de la chapelle du roi fut tout uniment le prêtre Jean de Rely, qui ne devint évêque d'Angers que neuf ans après.

Sous Louis XII, la place de confesseur-archichapelain fut donnée à de simples prêtres; le dominicain Guillaume Petit qui la remplissait à la mort de ce monarque, l'occupa encore, comme simple prêtre, pendant trois ans sous François Ier, qui finit par obliger les chanoines de Troyes à élire pour évêque ce dominicain. Guillaume Petit resta confesseur-archichapelain jusqu'à sa mort, en 1536, où la place demeura vacante. Celle de grand aumônier du roi ayant aussi vaqué en 1543, par le décès de Jean Le Veneur, évêque de Lisieux, la trop fameuse Anne Pisseleu, que François Ier avait fait duchesse d'Étampes, profita de son ascendant sur le faible cœur du monarque, pour porter à la place de grand aumônier son oncle, Antoine Sanguin, plus connu sous le nom de cardinal de Meudon, que déjà cette favorite avait fait pourvoir de l'évêché d'Orléans, du chapeau de cardinal, et de six riches abbayes : prélat qui, de l'aveu de l'abbé Oroux lui-même, « fut plus illustré par les dons que lui prodigua la fortune, que par ce qu'il fit pour les mériter. » Mais, en sa nouvelle qualité de grand aumônier, il ne fut d'abord chargé que de la dispensation des aumônes du roi et de la direction des hôpitaux royaux. C'est à tort qu'on a cru qu'il devint en même temps chef de la chapelle; car des édits rendus par François Ier, les 19 décembre 1543, 19 janvier et 19 mai 1544, 15 janvier 1545, et un arrêt du parlement, du 9 février de cette dernière année, distinguaient encore les deux places, par cela même qu'ils restreignaient la juridiction du grand aumônier aux choses temporelles des hôpitaux royaux. Ils disaient, que « dans ceux de ces établissemens qui étaient desservis par des laïques, ces laïques seuls répondraient de leur conduite au grand aumônier; au lieu que, dans ceux qui étaient gouvernés par des prêtres, ces prêtres ne répondraient qu'aux évêques du diocèse (1). » Le confesseur archi-

(1) Dutillet, *Recveil*, pag. 435, chapitre *Des grands aumosnier et confesseur du roi.*

chapelain avait encore cet avantage sur le grand aumônier, que, quoique tous les deux assistassent à la messe célébrée en présence du roi, le confesseur pouvait y parler au monarque des choses qui intéressaient sa conscience, au lieu que le grand aumônier ne pouvait lui parler qu'au sortir de la messe, et seulement de ce qui concernait les aumônes (1).

Le prêtre Henri Le Maire, docteur de la faculté de théologie de Paris, était alors confesseur-archichapelain : le cardinal de Meudon, soutenu par la faveur de sa nièce, n'eut pas beaucoup de peine à lui enlever en 1545 ou 1546, l'archicapellenie, en lui laissant toutefois la charge de confesseur dont elle avait été jusqu'alors inséparable. Enorgueilli par sa puissance, à laquelle encore la duchesse d'Étampes fit ajouter la dignité mondaine de lieutenant du roi au gouvernement de Paris, il trouva trop domestique le titre de *grand aumônier* du roi, et se fit appeler *le grand aumônier de France*, pour s'égaler au duc qui, n'ayant que le roi au-dessus de lui, avait pris le titre de *grand maître de France*, afin de représenter ces anciens maires du palais, qui

(1) Dutillet : *Recueil*, pag. 435.

furent comme lieutenans généraux du roi par tout le royaume, et avaient un si grand pouvoir sur les gens de guerre (1).

Mais revenons au cardinal de Meudon, le premier qui se soit dit *Grand aumônier de France*, après s'être investi de l'autorité du chef de la chapelle, moins la charge de confesseur dont cette autorité dépendait, et qui néanmoins, dédaignant le titre sacerdotal d'*Archichapelain* autant que les fonctions de confesseur, voulut conserver le titre non essentiellement ecclésiastique de *Grand aumônier*. Ce n'était certes pas en cette dernière qualité qu'il pouvait avoir, sur la cour, la souveraine autorité spirituelle que l'archichapelain n'avait exercée que parce qu'il était avant tout le confesseur, et qu'en vertu des priviléges accordés à celui-ci par les papes, aux treizième et quatorzième siècles. Ce fut en disjoignant les charges identiques de confesseur sans vouloir l'être, et d'archichapelain qu'il voulait être sans en porter le titre; ce fut dans cette dislocation qu'en prétendant retenir la juridiction spirituelle du confesseur dont il rejetait

(1) *État de la France* en 1699, par le chapelain Trabouillet, tom. I, pag. 11 et 52.

le titre et les fonctions, il l'appliqua de sa propre autorité à l'archicapellenie qu'il s'appropriait sans daigner en prendre le titre. Ce fut ainsi que, par une énorme contradiction et la confusion la plus choquante, dont on devine aisément que le crédit du cardinal de Meudon ne permettait pas de relever les inconvéniens et les vices, ce *Grand aumônier de France* fournit à ses successeurs dans cette dignité si étrangement reconstituée, le prétexte de se dire : « les évêques uniques de la cour; » et aux prêtres et clercs de la chapelle du roi, l'occasion de se vanter d'être « la première compagnie ecclésiastique du royaume (1), » comme si le corps épiscopal lui-même n'était que leur subordonné (2)!

---

(1) L'abbé du Peyrat, à la page 128 de ses *Antiquités de la chapelle et oratoire du roi de France.*

(2) Il semblait que le concordat de François Ier avec Léon X, en 1515, ratifié en 1516; ce concordat, auquel résistèrent si long-temps les évêques et le parlement, autorisât toutes sortes de subversions en ce qui concernait les principaux offices ecclésiastiques. C'était à l'époque où le cardinal de Meudon accumulait sur sa tête tant de dignités à son choix, que commençaient à s'introduire, ces énormes abus dont le clergé de France, assemblé à Melun, en 1579, se plaignait au roi Henri II dans ses remontrances présentées le 3 juillet, par l'évêque de Bazas,

Il dut arriver, et il arriva en effet de cette subversion que le sous-aumônier ou distribu-

---

Arnaud de Pontac, assisté des archevêques et évêques, députés au monarque par l'assemblée. Ils lui disaient : « Laquelle (votre majesté), en vertu des concordats faits avec le pape Léon X et le grand François votre aïeul, nommant les personnes pour être pourvues des principales charges de l'Église, y fait ordinairement pourvoir, ou pour n'en être averti, ou *par importunité*, des personnes du tout indignes et incapables; et qui pis est, les donne bien souvent à des personnes purement laïques et gens mariez, à des femmes, d'où vient le plus grand désordre, d'autant qu'on voit, au grand détriment de l'Église et de ce royaume, évêchés, abbayes, prieurez et autres bénéfices être vendus, changez et hypothéquez et donnez en dot, comme si c'était chose profane, et qui fût en commerce public des gens d'armes et gens mariez; et même les femmes disent « mon évêché, mon abbaye, mes chanoines, mes moines et semblables paroles; » qui pour s'accommoder mieux et en pouvoir plus à leur aise trafiquer, tiennent les bénéfices en œconomat, ou les font tenir par des personnes à leur poste, que l'on appelle en confidence contre tout droit divin et humain : même les exécrations et condamnations retombent depuis quelques années par l'autorité de l'église universelle; et de là vient qu'il se trouve en ce royaume jusqu'au nombre de vingt-quatre ou vingt-cinq archevêchés et évêchés étant sans pasteurs, et tenus en confidence, sans ceux qui sont sans titulaires et qui n'en ont que le nom et titre avec bien petite partie du revenu; les gens d'armes ou femmes prennent le reste.

teur d'aumônes en second, entrant à la suite de son chef dans l'archicapellenie, et y portant

---

De quoi, pour instruire plus amplement votre majesté, ils (les supplians) ont attaché un rôle avec la présente requête, outre lesquels encore pensent y en avoir quelques-uns oubliez pour n'avoir pu être averti de tout : comme aussi n'ont-ils pu nommer particulièrement les abbayes et autres, jusqu'aux simples cures et prieurés tenus en cette façon, pour en être le nombre infini. De quoi ils ne doutent point que Dieu ne soit grandement offensé, et que cela ne puisse être une des principales causes et occasions de nos maux et calamités qui durent par tant d'années. »

Les mêmes plaintes furent renouvelées les 30 août et 16 septembre suivans dans une autre remontrance, au nom de la même assemblée, par l'archevêque de Lyon, Pierre d'Espinac, assisté des évêques de Langres, Bazas, etc. Le 3 octobre de la même année, l'évêque de St-Brieux, Nicolas Langelier, accompagné d'archevêques et d'évêques, vint encore au nom de cette assemblée, dire au Roi. « A notre grand regret, nous vous remontrons que plusieurs évêchés sont sans évêques et les biens usurpés, sacrilégiés par personnes non-seulement incapables, mais aussi du tout inhabiles et alienez de la cléricature et ordre ecclésiastique, tant par volonté que par profession contraires. A notre grand regret, nous vous remontrons qu'en plusieurs évêchés pour évêques apparaissent des ombres et idoles d'évêques, ou pour mieux les désigner, évêques de montre, appelés par aucuns anciens *Ostentionales*, parce qu'ils tiennent lieu à la montre; et les fruits tombent en d'autres mains... Qu'en plus de 800 abbayes

aussi son titre fiscal, auquel il ajoutait le mot *premier* pour marquer sa prééminence sur les

auxquelles vous nommez, l'on ne peut remarquer cent abbés titulaires ou commendataires ; et de ces commendataires la plus grande part prêtent leur nom à gens mariez et de profession laïque dont avient que les abbayes sont sans religieux, sans règle, sans discipline, sans hospitalité, ne s'y fait ni service ni office; les églises et les maisons sont en ruine... Philippes de Commines entre autres occasions pour lesquelles il remarque le jugement de Dieu être tombé contre Alphonse et son fils Ferrand, roi de Naples, met en avant les indignes distributions des évêchez et des abbayes, etc.»

Le mal semblait incurable par le crédit des gens de cour, puisque le 17 juillet 1582, l'assemblée du clergé fut encore obligée de députer au roi l'archevêque de Bourges, Arnaud de Beaune, avec les évêques de Bazas, de Noyon, et d'autres députés, pour solliciter la cessation des mêmes désordres. Ce fut sans succès; et le clergé, assemblé en 1585 à l'abbaye de Saint-Germain *des Prés*, envoya le 14 octobre l'évêque de Noyon, Claude d'Angennes, accompagné de deux cardinaux, d'archevêques et d'évêques, porter au roi les mêmes doléances. Une seconde députation de prélats les renouvela le 19 novembre. Le clergé les ayant fait imprimer, son imprimeur fût emprisonné à la sollicitation des courtisans. Il fallut encore bien d'autres remontrances avant que le désordre cessât. On peut voir les suivantes comme les précédentes, dans le *Recueil des actes, titres et mémoires, concernant les affaires du clergé*

aumôniers inférieurs, se crut le suppléant du grand aumônier dans la prétendue juridiction spirituelle de l'archichapelain, comme il l'avait été dans l'office des aumônes, d'où cependant alors il se trouvait absolument écarté; et les aumôniers inférieurs ne conservant pas plus que lui rien de ce qui les constituait aumôniers, s'en dédommagèrent aussi par l'illusion qu'ils participaient eux-mêmes, suivant leur ancien rang dans la distribution des aumônes royales, à la juridiction apparente de l'ancien archichapelain (1). De là, par une vaniteuse et puérile imitation de ce qui se fait à la cour, cette bizarrerie, cette inconséquence qu'on ne voit dans aucun autre royaume catholique, ce titre d'*aumônier* qu'ont pris les *chapelains* ou confesseurs de prisons, de re-

---

de France, imprimé à Paris en 1740, in-fol. en commençant à la page 22.

(1) Ce renversement d'ordre ne se fit cependant pas avant la dixième année du règne de Charles IX; car, au mariage de ce monarque avec Élisabeth d'Autriche, à Mézières, en 1576, on vit encore les aumôniers du roi, contenus dans leurs fonctions, « aller par toute la ville chercher les pauvres pour leur donner de l'argent. » (Godefroy : *Cérémon. franc.*, tome II, page 38.)

ligieuses, de confrérie, de régimens, près desquels ils ne sont pas établis pour distribuer des aumônes, mais pour exercer le ministère sacerdotal avec une rétribution considérée par les saints canons comme une aumône (1).

Tels furent les résultats de l'application que l'esprit du monde mit à faire disparaître aux yeux des peuples la dignité sacerdotale des archichapelains; et cette application fut portée bien loin; car jusque dans les inscriptions lapidaires où les grands personnages qui en remplissaient les augustes fonctions étaient présentés à la vénération des peuples, jusque dans les épitaphes qu'on leur consacrait après leur mort, l'adulation mondaine ne leur donna plus d'autre titre que celui d'*Eleemosynarii*, sans égard même pour la langue du latium qu'elle employait, puisque ce mot inconnu des anciens ne vient que de la basse latinité du moyen âge. Tout fut donc blessé pour les louer sous le rapport qui les avait

---

(1) Ils ne sont pas appelés autrement que *capellani monialium*, *confessores monialium*, etc., dans le langage des décrétales, dans les décisions de la congrégation des rits, dans L'*Ordo divini officii juxtà ritum romanæ ecclesiæ*.

flattés davantage, et la langue propre des inscriptions, et l'honneur du sacerdoce (1).

---

(1) Si, par une suite de l'inconstance et de la mobilité des institutions humaines, cet enchevêtrement d'attributions dans le grand aumônier cessoit d'exister, et que les générations futures en perdissent le souvenir, verraient-elles autre chose que le suprême dispensateur des aumônes, non du roi, mais de la France, dans celui à qui nos inscriptions ne donnent d'autre qualification que celle-ci : *Summus*, ou *Magnus eleemosynarius Galliarum*? Dans l'épitaphe du cardinal François de La Rochefoucault, inhumé en 1645, à Sainte-Geneviève, on ne rendit hommage à ses dignités de cour que par ces mots ; *Summo Galliarum eleemosynario*; et il en a été de même tout récemment sur la pierre jetée, le 21 novembre 1820, parmi les fondations du nouveau séminaire de Saint-Sulpice. On n'y a pas donné d'autre titre aulique au cardinal de Talleyrand-Périgord, alors chef de la chapelle du roi, que *Magnus Galliarum eleemosynarius* : latinité digne du *Magnis Franciæ cambellanis* qu'on lisait dans l'église de la maison professe des jésuites, rue Saint-Antoine, à Paris même, sur l'épitaphe de deux ducs de Bouillon, gravée en 1731. Mais ce n'était point en cette maison que résidaient les PP. Porée, Jay, Jouvency, etc., qui n'ignoraient pas que, dans le style des inscriptions latines, les offices relatifs au service personnel du prince se désignent par le nom de l'objet de leur service particulier, précédé de A ou AB, et qu'on devait écrire *à cubiculo*, pour les chambellans; pour les ministres-secrétaires d'État,

§ III.

Les priviléges par lesquels les papes avaient soustrait les confesseurs-archichapelains du roi, à la juridiotion de l'ordinaire, conservèrent-ils leur vigueur au XVIe *siècle.*

Les derniers exemples qu'on ait eus de l'usage de ces priviléges par les confesseurs-chefs de la chapelle, furent le mariage de Charles VIII avec Anne de Bretagne, célébré à Langeais,

---

à secretis; pour les trésoriers, *ab ærario*; pour les maîtres de la garde-robe, *à veste*; pour les secrétaires, *ab epistolis*; etc. Il paraît que les signatures ne sont pas ce que nos faiseurs d'inscriptions ont le plus remarqué dans les bulles ou brefs des papes, car ils y auraient vu les différens secrétaires du souverain pontife exprimer leurs fonctions par ces mots: *ab epistolis latinis*; *ab epistolis ad principes*, *etc.* La véritable, l'unique expression pour désigner le premier ecclésiastique de la cour, chargé tout à la fois d'y faire les fonctions de son ordre et de dispenser les aumônes du monarque, serait: *à sacrofaciendo, et ab erogandâ stipe.* Par-là du moins on compterait pour quelque chose le sacerdoce de ce grand personnage, et l'on se montrerait instruit des secrets de la bonne latinité. Voyez, dans l'ouvrage du savant jésuite Jules-César Boulenger: *de Dignitatibus et Officiis utriusque imperii*, le chapitre 2: *Officia domestica ex veteribus inscriptionibus*; et le livre plus récent du savant Morcelli: *de Stylo veterum Inscriptionum.*

près Tours, en 1491, par Jean de Rely, non encore évêque; et le mariage de Louis XII avec la même princesse, béni dans la chapelle du château de Nantes, en 1499, par George d'Amboise, qui était confesseur de ce monarque, comme Jean de Rely l'avait été de Charles VIII. Si, conformément aux pratiques de saint Louis, qui disait son bréviaire avec son confesseur archichapelain, le duc d'Orléans, devenu Louis XII, disait ses heures avec George d'Amboise, comme nous en assure Saint-Gelais dans la *Vie* de ce prince, on ne peut douter que George d'Amboise ne fût son confesseur, et que ce ne soit en cette qualité qu'il lui donna la bénédiction nuptiale.

Que si, par rapport aux faits postérieurs, nous débarrassons les récits de l'abbé Oroux des prestiges dont il les a enveloppés; que si nous rapportons des circonstances qu'il a omises, et nous rétablissons les faits dans leur intégrité, nous verrons que la chapelle du Roi revint au seizième siècle sous la juridiction de l'ordinaire, même avant la clôture du concile de Trente.

L'abbé Oroux confesse, d'après Rovlliard, qu'aux funérailles de François Ier, en 1547, le cardinal Jean du Bellay, évêque de Paris, vint se mettre en cette qualité, « au-devant et joignant l'effigie du roi» en cire, qui était sur son cercueil ; mais il ajoute avec une satisfaction égale à celle de Rovlliard, « que le grand écuyer vint faire bondir auprès de ce prélat son grand coursier, » pour le forcer à quitter cette place ; et que « ledit sieur cardinal s'en alla mettre après les sieurs évêques (1). » Mais que prouverait cette violence de la part d'un grand officier lié par son rang aux intérêts du cardinal de Meudon, sinon l'esprit de corps entre les grands officiers de la cour ? L'évêque de Paris aurait-il pu mieux venger son droit et protester plus efficacement contre cette violence, qu'en allant se mettre, tout cardinal qu'il était, « après les sieurs évêques » ? On n'est pas exempt d'inconséquence quand on dit, comme l'abbé Oroux d'après Rovlliard, que le cardinal évêque de Paris n'alla prendre cette place, que « parce qu'il lui fut remontré que ni le roi, ni sa cour, ne reconnaissaient d'autre évêque propre et spécial que le grand aumônier, et que sa chapelle avait un usage propre et différent en beaucoup de choses, de celui de Paris. » Etait-ce donc là une raison suffisante pour que l'évêque de

(1) Rovlliard : *Le Grand Aulmônier de France*, page 222 ; et Oroux, tome II, page 82.

Paris, l'évêque de la ville où se faisait la cérémonie, allât se mettre ainsi hors de tout rang ? Mais un autre écrivain qui fut témoin de ces funérailles, et dont un auteur des premières années du dix-septième siècle rapporte les propres paroles, atteste que « l'évêque de Paris, le cardinal Jean du Bellay, marcha avec le grand aumônier, immédiatement après le corps du roi (1). »

Rovlliard, et d'après lui, l'abbé Oroux, ne peuvent nier qu'aux obsèques de Henri II, en 1559, l'évêque de Paris, qui était alors Eustache du Bellay, étant venu se placer avec le grand aumônier, près de l'effigie du roi, toujours sur le cercueil, s'y maintint « en représentant qu'il était *évêque du roi*, *puisqu'il l'était de la capitale du royaume* (dans laquelle

(1) *In exequiis regis Francisci primi, ubi divus cardinalis Bellaius, episcopus Parisiensis, cum magno eleemosynario, incedebat post corpus regis, de quo extat parvus libellus impressus* IN ILLO TEMPORE, *apud Robertum Stephanum*. (Voyez la page 30 de *Epistola M. Arthusii de Cressonieriis Britonis Galli, ad dominum de Parisiis super attestatione suâ justificante et nitidente patres jesuitas :* opuscule de 37 pages in-8°, imprimé en 1611, et cité dans la *Bibliothèque germanique*, en 1636, tome XXXVI, page 121.

le roi résidait), et qu'on gardait pour la plupart en l'oratoire du roi l'usage de Paris. » « Eu égard à ses remontrances, ajoute Rovlliard, pour ce coup le lui fut permis (1). » Ne croirait-on pas que cette place ne lui fut laissée que dans cette circonstance?

Les deux historiens passent légèrement, et pour cause, sur la contestation qui s'éleva aux obsèques de Charles IX, en 1574, lorsque le parlement de Paris disputa à l'évêque d'alors, Pierre de Gondi, et au grand aumônier, Jacques Amiot, évêque d'Auxerre, l'honneur d'entourer l'effigie du roi qui n'était plus sur le cercueil, mais qui se portait en avant. Ces deux écrivains se bornent à rapporter ce peu de mots du *Journal* de Pierre de l'Étoile : « Et « furent dites hautes paroles de part et d'au- « tre (2). » La contestation avait été cependant clairement développée par un historien contemporain ; mais l'abbé Oroux n'avait pas moins d'intérêt que l'avocat Rovlliard, à ne pas en laisser connaître une particularité décisive pour la question qui nous occupe. Le

(1) Rovlliard : *Le Grand Aulmônier*, page 222 ; et Oroux, tome II, page 123.

(2) *Journal :* Règne de *Henri III*, tome I, page 190.

contemporain avait dit : « Le premier président du parlement, Christophe de Thou, bien instruit des droits et des usages, renvoya les deux prélats auprès du corps du défunt, en leur faisant observer que c'était la place qui leur convenait; savoir, à *l'évêque de Paris*, comme étant *le curé du roi*, et au grand aumônier comme ayant été son confesseur (1), » ou étant censé l'avoir été, en qualité d'archi chapelain.

Il était donc solennellement reconnu en droit que l'évêque de Paris était le curé principal du monarque, l'évêque par conséquent de la cour; et que le grand aumônier ne pouvait avoir de juridiction spirituelle sur le roi,

---

(1) *Qui (episcopus Parisiensis) cùm ante effigiem ire vellet cum magno eleemosynario Amioto, monitus à primo præside Thuano, qui omnium habebat notitiam, locum illum ad se pertinere, se* CURATUM REGIS, *et alium confessorem esse, propterea ad locum ubi corpus erat, illis eundum, quod benè consulti fecerunt. De quo indignatus Amiotus, vir asper, ut solent esse humiles, cùm surgunt in altum, ut ait parvus Cato, noluit unquàm post prandium dicere gratias ante tabulam curiæ parlamenti, quod erat sui officii.* (*Epistola M. Arthusii de Cressonieriis Britonis Galli, ad dominum de Parisiis super, etc.* : cité dans la *Bibliothèque germanique*, tome XXXVI, 1736.

qu'autant qu'il serait son confesseur, et son confesseur approuvé par l'évêque de Paris; car alors déjà le concile de Trente avait réglé ce point de discipline en 1551, dans sa session XXIV, le 25 novembre.

L'abbé Oroux, comme l'abbé du Peyrat, est plus expansif en racontant la dispute de préséance qui s'éleva avant la cérémonie des obsèques de Henri IV, entre les abbés de monastère et les aumôniers inférieurs de la chapelle royale, lesquels, n'étant point évêques, consentaient bien à céder le pas aux évêques, mais voulaient l'avoir sur les abbés, tout décorés qu'ils étaient de la crosse et de la mître, dont les prétendans étaient dépourvus. Ceux-ci eussent échoué si le cardinal Duperron, qui avait encore la charge de grand aumônier, ne se fût rendu le juge de la contestation. Il ne manqua pas de prononcer en leur faveur; et voilà pourquoi les deux historiens ne nous ont pas fait grâce d'une seule particularité de cette querelle; mais ils ne se sont pas appesantis avec tant de complaisance sur la seconde dispute qui suivit la première, lorsque l'évêque de Paris, Henri de Gondi, et Charles Miron, évêque d'Angers, que Duperron avait chargés de le représenter dans cette cérémonie, où il craignait de compromettre sa dignité, disputèrent mal à propos au parlement la place d'honneur autour de l'effigie du roi. Nos deux historiens se sont bornés à dire qu'après que le parlement eut consulté ses registres et le livre de Dutillet, ancien greffier de ce corps, et divers autres Mémoires où étaient rapportés les anciens usages, les deux prélats furent renvoyés auprès du corps (1). » Par cette narration très-laconique, les deux historiens évitaient d'avouer les motifs de ce renvoi. Ces motifs cependant se trouvaient expliqués franchement par le même contemporain que nous avons déjà cité, et qui, étranger à la cour, n'étant point subjugué par son influence, racontait le fait avec autant d'ingénuité que de liberté. Il ne supposait point, contre toute vraisemblance, que le parlement eût besoin de s'arrêter à consulter ses registres, le *Recueil* de Dutillet, etc., etc.; mais il disait que, « si l'évêque de Paris eût seulement lu ce *Recueil*, il n'aurait pas eu la prétention d'accompagner l'effigie, parce qu'il aurait su que, dans les funérailles des rois, il y a deux choses très-distinctes à savoir, ce qui tient à la pompe de la céré-

(1) L'abbé Oroux, tome II, page 325.

monie, et ce qui concerne l'acte curial de l'enterrement; que l'évêque de Paris ne s'y trouvait avec son clergé que pour cet acte curial, et qu'il n'appartenait point à la pompe du cortége dont l'effigie du roi faisait le principal ornement; qu'il devait par conséquent suivre le corps, dont il avait le droit de faire l'inhumation, parce qu'il était le *curé du roi* (1). » Ainsi donc, en 1610, la haute juridiction spirituelle de l'évêque de Paris sur le monarque et sa cour, était regardée comme incontestable.

Quand on se prévaut de ce que ce ne fut point l'archevêque de Paris (2), Jean-François

(1) *Debuerat (episcopus Parisiensis) legisse Tilleti librum Protonotarii et graffarii parlamenti, in illis antiquis ceremoniis intelligentissimi et scientissimi, qui illum docuisset quæ sit differentia inter pompam et exequias; clerum et episcopum parisiensem, qui illum sequitur tant quam* CURATUS REGIS, *non esse de pompa, sed de exequiis, et debere comitari et sequi corpus regis; effigiem vero esse de pompâ, quam curia parlamenti circumdat undique; postea sequitur luctus.... Nonne legere poterat ordinem servatum in exequiis regis Francisci primi, ubi, etc.*, comme ci-devant. (*Epistola M. Arthusii de Cressonieriis Britonnis galli, ad dominum de Parisiis super, etc.* page 30, in-fol., 1611.

(2) Le siége épiscopal de Paris était érigé en archevêché, depuis 1622.

de Gondy, qui remplit les fonctions de curé aux obsèques de Louis XIII, le 11 mai 1643, mais l'évêque de Meaux, Dominique Seguier, premier aumônier du roi, qui même avait baptisé Louis XIV dans la chapelle royale de Saint-Germain-en-Laye, le 21 avril précédent; l'on ne fait pas attention que ce premier aumônier était aussi l'un des quatre suffragans de l'archevêque de Paris, et pouvait être autorisé par ce prélat à le représenter dans la cérémonie des obsèques. Le curé de Saint-Germain avait légitimé, par sa présence, l'administration du baptême au jeune prince.

N'était-ce donc pas l'archevêque de Lyon qui, le 27 septembre 1630, avait administré Louis XIII malade en cette ville, à son retour d'Italie? Vainement l'abbé Oroux affirme que « ce prélat n'aurait point fait cette fonction curiale, si le grand aumônier, ou le premier aumônier n'eussent pas été absens. » Peut-on bien croire qu'ils le fussent, lorsqu'on sait que la mère et l'épouse du roi étaient dans cette ville depuis le commencement de mai; qu'il avait voulu que son grand aumônier, qui était le cardinal François de La Rochefoucault, accompagnât la reine régente, pour lui servir de conseil (1)? Est-il vraisemblable que, lorsque toute la cour s'était rendue à Lyon, et faisait une si éclatante profession de piété, pour la confusion du protestantisme encore armé contre le monarque, les aumôniers seuls n'y fussent pas venus? Enfin, quels étaient les trois cardinaux que le père Suffren, confesseur de Louis XIII, assure avoir été présens quand ce roi fut administré par l'archevêque de Lyon (2)?

Même dans la minorité de Louis XIV, et sous la régence de sa mère, Anne d'Autriche, malgré les progrès que la clientelle du grand aumônier faisait obtenir à l'opinion qu'il était l'évêque unique de la cour, tous ceux qui la composaient ne pensaient pas qu'il eût sur elle la juridiction épiscopale.

L'abbé Arnauld, fils d'Arnauld d'Andilly, et neveu du grand Arnauld, comme de l'évêque d'Angers son frère, Henri Arnauld, près

---

(1) Voyez la page 59 de l'*Oraison funèbre* de ce prélat, prononcée le 4 juin 1645, dans l'église de Saint-Vincent, de Senlis, par le génovéfain de La Morinière : imprimée à Paris, en 1646, in-4°.

(2) Lettre du P. Suffren au P. Jacquinot, dans le *Mercure français* de 1630, à la page 790 du tome XVI.

duquel il vécut, raconte dans ses *Mémoires* (1), que, dans les premières années du règne de Louis XIV, en février 1652, lorsque les troubles de la Fronde avaient fait venir la régente, le roi et sa cour, à Angers, l'évêque étant un jour chez la reine, elle lui dit « qu'elle lui enverrait les officiers de la maison du roi, pour qu'il leur accordât la permission de manger des œufs pendant le carême. » L'abbé Arnauld convient que le garde-des-sceaux Molé, qui était présent, et qui, par sa charge, tenait aux grands officiers de la cour, se mit à dire : « Madame, c'est à M. le grand aumônier qu'il appartient de donner ces dispenses pour la cour. » Mais la reine répliqua sur-le-champ : « Cela n'est pas vrai ; car j'ai ouï dire au bonhomme cardinal de La Rochefoucault, qui savait bien les droits de sa charge, que cela appartient à l'évêque diocésain. »

L'abbé Oroux, que ce récit déconcerte, prend le parti de le taxer de fausseté, en se fondant, 1° sur une équivoque permission de ce genre, donnée à Henri IV, à Lyon, par son premier aumônier Davy Duperron ; nous en parlerons tout à l'heure ; et 2° sur ce que, dit-il, « le car-

(1) Partie III, page 25.

dinal de La Rochefoucault, dans toutes les occasions, avait su maintenir sa juridiction autant que grand aumônier qu'il y ait eu (1). » Cependant l'abbé Oroux ne peut guère prouver ce dernier point que par un seul fait, qu'il faut peut-être moins attribuer au cardinal qu'à l'instigation de ses alentours, et le voici : Lors du mariage de la sœur de Louis XIII avec le prince de Galles (depuis l'infortuné Charles Ier d'Angleterre), qui devait se faire par procuration le 11 mai 1625, dans l'église métropolitaine de Paris, cette fonction fut disputée au grand aumônier, trois jours auparavant, par l'archevêque de Paris, Jean-François de Gondy ; et le roi en son conseil décida que ce serait son grand aumônier qui ferait le mariage. Mais l'archevêque, dans l'impossibilité de résister efficacement, et voulant sauver ses droits d'*ordinaire*, prit le parti de s'éloigner de son diocèse le jour de la cérémonie (2).

Le neveu de ce prélat, son successeur sur le même siége, le déterminé cardinal de Retz, ayant dit dans ses *Mémoires* (3) « que son oncle avait

(1) Tome II, page 288.

(2) Godefroi : *Cérémonial français*, tome II, page 104.

(3) Tome I, page 85, de l'édition de 1718.

été blâmé au dernier point, par tout son clergé, d'avoir souffert que le cardinal de La Rochefoucault fît le mariage, » l'abbé Oroux nie le fait pour la seule raison « que l'archevêque n'avait souffert que ce qu'il n'avait pu empêcher (1). » Mais cela ne prouve point que son chapitre n'avait pas désiré qu'il fît une opposition positive, telle que l'aurait faite le cardinal de Retz.

Si l'on veut bien observer que, sept ans après cette contestation où les droits de l'ordinaire avaient été sacrifiés à la dignité de grand aumônier, le cardinal de La Rochefoucault l'abdiqua (en 1622), et que, dégoûté des intrigues de la cour, il alla passer le reste de ses jours dans la retraite, en son abbaye de *Sainte-Geneviève*, on devinera que ce fut en ces derniers temps que la reine-régente le consulta, et non à l'époque du mariage, où, suivant l'abbé Oroux, « il avait si bien maintenu sa juridiction sur les personnes de la cour ; » car alors la reine n'avait que vingt-trois ans ; et ce n'est guère à cet âge qu'une reine parle de juridiction ecclésiastique avec un grand-aumônier de soixante-huit ans. Il ne mourut qu'en 1645, ayant atteint sa

(1) Tome II, page 378.

quatre-vingt-huitième année. Nous conviendrons bien que, dans l'histoire de sa vie, publiée l'année suivante par le génovéfain de la Morinière, ce biographe prétendit qu'il avait eu, comme grand aumônier, la juridiction épiscopale sur la cour, et « qu'il avait donné des pouvoirs de confesser et d'administrer les sacremens aux personnes dont elle se composait (1). » Mais la Morinière, qui n'avait point fréquenté la cour, ne parlait que par ouï-dire, et quatorze ans après que le cardinal eut abdiqué la grande aumônerie. Le fait même, eût-il été vrai, n'aurait pas établi que les pouvoirs fussent valables sans le consentement de l'ordinaire.

L'opinion que le grand aumônier était l'évêque unique de la cour, sans aucune dépendance de l'ordinaire, acquit vingt-huit ans après une certaine consistance par la publication que le savant Baluze fit d'une *Vie* de Pierre Castellan ou Duchâtel, grand aumônier de Henri II, écrite par son contemporain Pierre Galland, chanoine de Paris, dans laquelle se trouvait la

---

(1) Page 133 du livre de la Morinière, intitulé : *Les Vertus du vrai prélat, représentées en la vie de Mgr l'éminentissime cardinal de La Rochefoucault,* vol. in-4°. Paris, 1646.

même assertion, avec l'assurance « qu'en quelque lieu du royaume que le roi se transportât, c'était à son grand aumônier qu'il avait coutume de demander les sacremens (1) : » ce qui ne serait pas une preuve suffisante de l'assertion. L'abbé Oroux, pour donner à ce passage de la Vie de Pierre Duchâtel le poids de l'autorité pontificale, ajoute, sur la foi du napolitain Joseph Carafa, auteur d'un *Traité* italien *de la Chapelle du roi des Deux-Siciles*, que Benoît XIV, dans un bref adressé, en 1747, à l'abbé Victor-Amédée des Lances, récemment nommé par le roi de Sardaigne son *grand chapelain*, sans qu'il fût évêque, lui écrivit en le nommant archevêque de Nicosie *in partibus* : « La charge de grand aumônier (2) ou grand chapelain de la chapelle royale emporte avec elle le caractère épiscopal, suivant ce que Pierre Galland a dit dans sa *Vie* de Pierre Duchâtel (3). »

(1) *Aulæ totius unicus est episcopus ; quocumque in loco per totum regnum versetur Rex, ab eo sacramenta petere solet.* (*Petri Castellani, magni Franciæ eleemosinarii vita. Parisiis*, 1674.)

(2) Elle n'existait point à la cour du roi de Sardaigne. Pourquoi la confondre avec celle d'archichapelain ?

(3) *La carica di grand' elemosiniere o sia di capellano*

Mais d'abord, est-il bien sûr que l'ouvrage de Pierre Galland, qui ne fut imprimé que cent quinze ans après sa mort, n'eût pas subi quelque interpolation? L'auteur aurait-il pu dire que « le grand aumônier était l'unique évêque de la cour, » lui qui avait vu succéder à Pierre Duchâtel, dans cette charge, un simple prêtre, Bernard de Ruthie, par lequel cet office fut exercé quatre ans, jusqu'à son décès en 1556; lui qui avait vu de près la dispute où l'évêque de Paris fut, si solennellement et sans contradiction, regardé comme le curé du roi, lors des obsèques de François Ier, où Pierre Duchâtel avait lui-même prononcé l'oraison funèbre de ce monarque, moitié à la cathédrale de Paris et moitié à Saint-Denis, suivant l'usage d'alors? Nous ne connoissons, au surplus, la phrase de Benoît XIV que par la citation qu'en a faite Joseph Caraffa; et nous avouons qu'il nous paroîtrait singulier que ce savant pape eût adopté si légèrement l'assertion attribuée à Pierre Galland; qu'il ne se fût pas souvenu que trois de ses prédécesseurs, au temps de

---

maggiore della regia cappella porta seco il carattere vescovile. (Cité par Caraffa, à la page 99 de son traité : *de Capellâ regis utriusque Siciliæ*, in-4°, Rome, 1749.

Bernard de Ruthie, à savoir Jules III, Marcel II et Paul IV, avaient si peu jugé que le caractère épiscopal fût nécessaire aux grands aumôniers de France, qu'ils l'avaient constamment refusé à celui-ci; que même Jean Amiot exerça la charge de grand aumônier près de Charles IX, depuis 1560 jusqu'en 1571, sans être évêque; qu'il n'étoit pas même nécessaire alors d'être prêtre pour occuper celle d'aumônier ordinaire, puisque l'architecte Delhorme n'eut besoin que de se faire tonsurer pour en être revêtu, pour la remplir depuis le commencement du règne de Charles IX jusque sous celui de Henri III, et pour la retenir jusqu'à sa mort, en 1577.

Veut-on quelque chose de plus positif et de plus concluant contre l'assertion attribuée à Pierre Galland? Qu'on prenne les pouvoirs de grand vicaire que le grand aumônier Pierre Duchâtel conférait aux aumôniers ordinaires. Du Peyrat lui-même vous les fournit (1). Vous y verrez que les pouvoirs qu'il leur donna, comme les seuls qui pussent dériver de sa juridiction, n'avaient aucun rapport avec la juridiction spirituelle sur la cour, ni même sur

(1) *Antiquités de la Chapelle et Oratoire du Roi*, p. 430.

la chapelle; mais qu'ils étaient uniquement relatifs à l'administration des hôpitaux royaux, à la distribution des aumônes royales, à l'inspection des colléges (1). Il est vrai que Duchâtel autorisait en même temps les aumôniers ordinaires à excommunier les écoliers, les boursiers, les professeurs, les recteurs, qui se raidiraient contre leurs avis : ce qui peut-être aurait supposé une juridiction spirituelle, mais tout au plus sur ces établissemens, et seulement en vertu de quelques vieilles bulles à priviléges. Peut-être encore *excommunier* ne signifie-t-il ici que *retrancher du corps*, *expulser* du collège.

L'abbé Oroux, obligé d'accumuler des faits équivoques, pour éblouir par leur multitude sur la futilité de la preuve qu'il tire de chacun d'eux, est maladroit quand il tâche d'écarter ceux qui le contrarient. Lors d'une grand'messe que Henri IV voulut entendre le 8 décembre 1600, à la cathédrale de Paris, et que devait célébrer l'évêque Henri de Gondy, le maître de musique de la chapelle du roi, prétendant la faire chan-

(1) *Hospitales, eleemosynarias, leprosarias domos, et quæcumque loca egenis, ægrotis, hospitibus et eleemosynâ ac misericordiâ dignis hominibus accipiendis, invisere, etc.*

ter par ses musiciens, objectait que ce n'étoit point comme évêque de la cathédrale, mais comme maître de l'oratoire du roi, que Henri de Gondy célébrait la messe. Henri IV, au contraire, ne voyant dans lui que son évêque diocésain, ordonna que ce serait le clergé de la cathédrale, les chanoines et les clercs du chapitre qui chanteraient la messe (1). Ce fait étant raconté par Jean Corbinelli dans son *Histoire généalogique de la maison de Gondy*, publiée en 1705, l'abbé Oroux part de cette date pour traiter l'auteur de très-moderne, et lui oppose, comme témoin de l'événement, l'abbé du Peyrat, par lequel il le suppose raconté d'une manière plus favorable à l'ambition de la chapelle royale. Mais c'était d'un autre fait que du Peyrat avait parlé; et ce fait encore n'était pas concluant pour elle. Jean Corbinelli, d'ailleurs, ne devait pas être si fort dédaigné comme auteur récent. Allié de la maison de Gondy, il étoit né en 1615, avait vécu avec ce qu'il y avait de plus illustre soit dans le monde, soit dans les lettres. Son père, qui, littérateur lui-même, lui avait laissé bien des notes, était

(1) *Hist. généalogique de la maison de Gondy*, tom. II, pag. 115.

venu de Florence avec Catherine de Médicis, et avait vu de près ce qui se passait dans le grand monde. D'ailleurs, le fait raçonté par son fils était une grand'messe qui avait eu lieu en 1600 ; et le fait narré par du Peyrat se rapportait à des vêpres chantées en 1607. Henri IV étant venu à la cathédrale pour entendre un sermon du docte Fenouillet, et voulant y entendre aussi les vêpres, les chantres de sa chapelle prétendirent avoir le droit de les chanter seuls, à l'exclusion du chapitre. L'abbé du Peyrat raconte qu'il plaida leur cause devant le roi, et qu'il lui fit ce paralogisme : « De même que la cour est partout où se trouve le roi, toute église où le roi assiste à l'office divin devient la chapelle du roi ; et par conséquent le clergé de la cathédrale doit être compté *pour rien* devant la chapelle royale, regardée *de tout temps*, ajoutait-il, comme la première compagnie *ecclésiastique du royaume* (1). » La querelle était fort animée de part et d'autre ; le roi ne pouvait faire droit au chapitre sans irriter les chantres de sa chapelle, qu'il lui importait de ne pas trop mécontenter. Il décida que les vêpres seroient chantées à deux chœurs,

(1) *Antiquités de la Chapelle royale*, pag. 128.

c'est-à-dire alternativement par les chanoines et par les chantres de sa chapelle : ce n'était pas là certainement accorder la prééminence à ces derniers.

§ IV.

Le grand aumônier peut-il s'appliquer les privilèges accordés jadis au confesseur du roi ?

Il est très-vrai qu'à Lyon, dans les derniers jours de 1600, à la suite du mariage de Henri IV avec Marie de Médicis, célébré par le cardinal-légat Aldobrandin, le 17 décembre, la permission de manger de la viande les samedis entre Noël et la Purification, selon l'usage de Paris, fut donnée à Henri IV et à son épouse par Duperron qui n'était que premier aumônier, et quoique le cardinal légat, ainsi que l'archevêque de Lyon, fussent présens. Mais qui n'a pas connu la hardiesse de Duperron ? Il avoue néanmoins qu'il n'osa donner cette permission que parce que « M. de Sens n'y était pas (1). » L'archevêque de Sens n'aurait pu s'y opposer comme grand aumônier ; car cette dignité appartenait alors à l'archevêque de Bourges,

(1) Page 23 de *Perroniana*, édit. de 1669.

Renaud de Beaune. Celui de Sens aurait-il efficacement allégué les canons de l'Église pour réprimer la témérité de Duperron, qui, se constituant de lui-même évêque de la cour, s'appropriait un vieux privilége donné en 1351, non à l'aumônier, ni même à l'archichapelain, mais au *confesseur* du Roi? L'abbé Oroux, qui conclut encore ici du fait au droit, ne dissimule cependant pas plus que Duperron, que plusieurs personnes de la cour manifestèrent des doutes sur la validité de cette dispense, et par conséquent sur la légitimité du titre d'*évêque de la cour* que prenait le grand aumônier, au préjudice de l'ordinaire qui, selon la jurisprudence canonique généralement reçue, fut encore regardé, à la mort de Henri IV, comme le principal *curé du Roi.*

Le cardinal de Richelieu n'en jugeait-il pas ainsi lorsque le 11 février 1641, au mariage de sa nièce, Claire Clémence de Maillé-Brézé, avec Louis de Bourbon duc d'Enghien, depuis le grand Condé, il voulut que son frère, le cardinal Alphonse, qui était alors Grand aumônier, et devait donner la bénédiction nuptiale dans la chapelle du Louvre, fût assisté par le curé de saint Germain-l'*Auxerrois*; que ce curé y apportât ses registres, et que l'acte y fût inséré? L'abbé Oroux ne voit là qu'un abus inconnu jusqu'alors, et « contre lequel, dit-il, les grands aumôniers ne cessèrent de réclamer; » mais que ce soit ou non le premier exemple de l'intervention du propre pasteur dans les mariages de la cour, il s'ensuit du moins que le cardinal de Richelieu ne regardait pas comme certain que le grand aumônier fût le propre pasteur de la cour, et le prêtre dont la présence était nécessaire pour valider le mariage, suivant la décision du concile de Trente et l'édit de Blois en 1579. Cet exemple était donc fondé en raison et en droit, puisqu'il devint autorité, et que malgré les efforts de quelques grands aumôniers successeurs du cardinal Alphonse, pour écarter les curés en de semblables circonstances, ceux de Paris, de Versailles, de Fontainebleau et de tous les autres lieux où la cour avait des chapelles royales, assistèrent constamment en étole, signe de leur juridiction, à tous les mariages, même aux baptêmes, et aux autres sacremens administrés par les grands aumôniers aux personnes de la cour (1).

---

(1) Quant aux réclamations, l'abbé Oroux, qui ne pouvait en tirer un grand avantage, s'est contenté de dire :

Depuis 1617, les prélats de la chapelle du roi ne négligeaient aucune occasion d'y contrarier les évêques, pour parvenir obliquement à l'emporter sur la juridiction de l'ordinaire. Le premier aumônier, qui était l'évêque de Bayonne, osa disputer cette année-là même, à l'archevêque d'Aix, pendant la messe de la chapelle, en présence du roi Louis XIII, un

« Malgré les réclamations des Grands-aumôniers, on continua de faire mention de la présence du curé dans l'acte de célébration couché sur le registre, savoir, au mariage de Mlle d'Orléans avec Léopold duc de Lorraine, le 13 octobre 1698, célébré par le cardinal de Coislin, alors *premier aumônier*, qui refusa de signer l'acte; puis aux baptêmes de M. le duc de Chartres et de Mlle de Blois, sa sœur, le 3 juillet 1710. Le cardinal de Janson, Grand-aumônier de France, qui avait été le ministre de ces baptêmes, se plaignit vivemement au curé de ce qu'il avait fait insérer dans l'acte la clause *en présence du curé;* et trois jours après, devant bénir le mariage du duc de Berry, petit-fils du roi, avec Louise-Élisabeth d'Orléans, il fit donner au même curé, par le maître des cérémonies, une formule de l'acte, tel qu'il devait être inscrit sur le registre » (tom. II, pag. 698). Mais après tout, quelle qu'ait été cette formule, l'acte n'en fut pas moins écrit sur le registre du curé; et cela seul prouvait que sa présence avait été nécessaire à la validité du mariage, et par conséquent qu'il était incontestablement le curé des conjoints.

privilége dont avait toujours joui le plus ancien des évêques, et auquel ce prélat avait droit par son ancienneté, celui de présenter à sa majesté l'évangile à baiser. Mais l'assemblée du clergé devant laquelle l'évêque de Bayonne fut obligé de déduire les motifs de son opposition, prétendant qu'il avait seul le droit contesté, lui répliqua sévèrement qu'il n'existait de premier aumônier *à la cour* que depuis trente ou quarante ans (ce qui ne faisait remonter cette innovation qu'au règne de Henri III); que tous les évêques étaient aumôniers *ordinaires* du roi; qu'en leur présence les premiers aumôniers de la cour, ni d'autres, n'avaient aucun rang, et que même le feu roi Henri IV l'avait ainsi jugé (1).

Lorsqu'en 1625, la chapelle royale avait pour Grand-aumônier le cardinal François de La Rochefoucauld, ses adhérens imaginèrent de se servir du confesseur du roi, le P. Séguiran, Jésuite, pour s'élever au privilége de juridiction indépendante, se flattant que si le confesseur, lesté des bulles de Clément VI, prenait le pas sur les évêques, auprès du roi, ceux-ci n'au-

(1) *Procès verbaux des assemblées du clergé*, tom. II, pag. 313.

raient plus rien à contester, en vertu de la juridiction de l'ordinaire, à celle du confesseur que s'attribuait le Grand-aumônier. Le docile Jésuite vint en conséquence avant eux occuper leur place auprès du roi pour la messe à la chapelle; mais l'assemblée du clergé, en ayant porté ses plaintes au monarque, le monarque obligea le confesseur à céder aux évêques la place qu'il prétendait tenir (1).

Une entreprise du même genre fut tentée, vingt ans après, par un abbé de Jussin, qui, ayant la charge de maître de la chapelle depuis 1632, sans être prêtre, et se croyant peut-être l'archichapelain d'autrefois, depuis que le 1er janvier 1645 il avait été promu au sacerdoce (2), vint prendre la première place au côté gauche du roi pendant la messe. L'assemblée du clergé de cette année-là même en ayant porté ses doléances à la reine mère, régente du royaume, elle décida, après avoir toutefois

(1) *Procès verbaux des assemblées du clergé*, tom. II, pag. 543, 544.

(2) Cet abbé, dont le vrai nom était Cyrus de Villers de la Faye, dit sa première messe dans l'église du noviciat des Jésuites, qui le portèrent ensuite à l'évêché de Périgueux. (Oroux, tom. II, pag. 400.)

consulté les registres et son conseil, que les évêques occuperaient cette place, à l'exclusion du maître de la chapelle qui se mettrait hors de rang, en quelqu'autre endroit (1).

Le haut clergé de la chapelle n'en imagina pas moins, en 1655, de faire renouveler, par le premier aumônier d'alors, la tentative dans laquelle avait échoué celui de 1617; mais l'assemblée du clergé députa l'archevêque de Bourges et quelques autres prélats pour en parler au roi et au cardinal Mazarin; et cette éminence décida conformément au vœu de l'assemblée, en déclarant que la décision était conforme à ce qui s'était pratiqué de tout temps (2).

Le cardinal Barberin, Grand-aumônier depuis 1653, fut plus entreprenant en 1659. Étant sur le point de baptiser, dans la chapelle du Louvre, un enfant dont le roi était parrain par procuration, et voyant le curé de la paroisse de *Saint-Germain-l'Auxerrois*, qui était venu en surplis et en étole, il se jeta sur lui avec fureur, lui arracha son étole, lui dé-

---

(1) *Procès verbaux des assemblées du clergé*, tome III, pag. 569 à 370.

(2) *Ibid.*, tom. IV, pag. 283. *Voy. ci-devant*, pag. 66.

chira son surplis, et le força brutalement à se retirer (1).

Le chapelain Oroux qui ne parle que vaguement des réclamations des grands aumôniers contre l'usage observé par le cardinal de Richelieu et son frère le cardinal Alphonse, ayant passé sous silence les tracasseries de 1617, 1625, 1645 et 1655, s'est abstenu avec encore plus de soin de raconter le trait du cardinal Barberin. Il ne pouvait après tout en parler sans nuire à sa cause, non-seulement parce que la violence suppose toujours que le droit est au moins douteux, mais aussi parce que les résultats qu'eut cette affaire ruinaient totalement la cause que ce courtisan défendait.

Le lendemain de la scandaleuse scène, les curés de Paris envoyèrent deux des leurs à l'assemblée du clergé, alors tenante, pour se plaindre de cette voie de fait contre la juridiction de l'ordinaire. Ils prièrent l'assemblée de prendre en considération leurs plaintes, en lui représentant que l'affaire était d'autant plus grave, qu'il s'agissait de la validité ou de l'invalidité des sacremens administrés sans le secours du ministre nécessaire. L'indignation de

(1) *Ibid.*, tom. IV, pag. 295 et suivantes.

l'assemblée fut grande : elle augmenta quand le président ajouta d'autres griefs à ceux des curés. Il se récria notamment sur ce que le même Grand-aumônier, prétendant être évêque de la cour, avait fait publier le dernier jubilé dans le Louvre, par un mandement (1) : chose dont il n'existait qu'un seul exemple donné en 1632 par ce cardinal Alphonse de Richelieu, que son frère Armand avait tiré d'un cloître de chartreux, pour en faire un archevêque de Lyon, et le porter aux plus grandes dignités de la cour ainsi que de l'Église.

L'assemblée nomma des commissaires pour examiner toutes ces plaintes et lui en rendre compte ; mais son jugement était déjà porté d'avance ; car, en nommant ces commissaires,

(1) Ce n'est que sous l'empire de Buonaparte, et que par la grande aumônerie de son oncle, le cardinal Fesch, qu'on a vu prendre vogue l'usage des mandemens du Grand-aumônier. Cet usage a même fait, de nos jours, des progrès incroyables ; car, dans le mandement donné par le Grand-aumônier, pour le carême de 1823, on a vu ce prélat qualifié deux fois *évêque de l'armée*, comme si l'armée était un diocèse ; et comme si le prélat, ainsi qualifié, pouvait être soupçonné d'avoir un secrétaire qui n'appartînt pas au clergé ; le mandement était contre-signé *Besson*, SECRÉTAIRE ECCLÉSIASTIQUE.

elle les chargea d'aller instruire de ce qui se passait les grands vicaires de Paris, l'archevêque étant absent, afin qu'ils s'opposassent aux usurpations de la Grande-aumônerie sur la juridiction de l'ordinaire (1).

Dans les perquisitions qui furent faites par les évêques pour connaître tous ces envahissemens, ils découvrirent que, sur la parole du cardinal Barberin, les officiers de l'amirauté assuraient les prêtres qui servaient d'aumôniers sur les vaisseaux, que les provisions expédiées par le roi pour ces offices, leur attribuaient elles seules le pouvoir d'exercer sur les vaisseaux toutes sortes de fonctions curiales, et même d'y marier. Ce cas fut porté à l'assemblée du clergé de 1670; et elle décida, par l'organe de son président, « que ces mariages étaient nuls; que les évêques s'étaient toujours réservés d'accorder la permission de bénir les mariages qui se font entre gens de mer; et que, pour prévenir les abus à cet égard, on prierait le ministre secrétaire d'état Colbert, qui avait le département de la marine, d'écrire aux intendans, pour leur or-

(1) *Procès verbaux des assemblées du clergé*, tom. IV, pag. 295 et suivantes.

donner de faire cesser ces sortes d'entreprises sur la juridiction des évêques (1). » Il n'y avait pas de difficulté sur leur droit, par rapport aux militaires de l'armée de terre, en ce qui concernait leurs mariages : on ne contestait point qu'ils ne dussent être faits par les curés.

Il n'y avait pas alors plus de dix ans que Louis XIV avait très-solennellement reconnu ce droit de l'ordinaire dans les mariages des personnes de la cour. Quand on dit vaguement, comme l'abbé Oroux, que le mariage de ce monarque avec l'infante d'Espagne, à Saint-Jean-de-Luz, en 1660, fut célébré par l'évêque de Bayonne, il faudrait faire remarquer que ce prélat ne reçut le consentement des augustes époux, et ne leur donna la bénédiction nuptiale que parce qu'il était l'évêque du diocèse. Le cardinal Barberin, encore alors Grand-aumônier, était absent à la vérité; mais le premier aumônier, à qui le droit de le représenter est attribué par tous les partisans de la chapelle royale, ce premier aumônier qui était l'abbé de Coislin, se trouvait auprès du roi. Disons plus : il y avait encore à la céré-

(1) *Procès verbaux des assemblées du clergé*, tom. V, pag. 178.

monie l'évêque d'Amiens, maître de l'oratoire du roi; l'évêque de Périgueux, maître de la chapelle-musique; l'évêque de Langres, grand aumônier de la reine-mère; et le père Annat, confesseur du monarque. Jamais, sous Louis XIV, les curés de la paroisse sur laquelle était sa chapelle, ne manquèrent d'assister aux baptêmes et mariages qui s'y faisaient; de les inscrire sur les registres de leur paroisse, parmi les actes de baptême et de mariage de tous leurs autres paroissiens (1); et jamais ce grand roi ne dédaigna de se déplacer pour venir reconnaître authentiquement à Pâques la juridiction de l'ordinaire, dans l'église de son curé, en y faisant sa communion pascale.

Tel était l'état des choses, lorsque M. de Noailles fut transféré, en août 1695, du siége de Châlons sur celui de Paris. Devait-il ou ne devait-il pas maintenir les décisions du clergé de France, que ce clergé lui-même avait fondées sur les droits imprescriptibles de la juridiction

(1) Tout le monde connaît le beau trait et la belle leçon du Dauphin, père des rois Louis XVI et Louis XVIII, lorsque, montrant à ses fils les registres de la paroisse de Versailles, où leur baptême était inscrit parmi ceux du pauvre et de l'indigent, il leur disait : «Apprenez que la religion, comme la nature, met de niveau tous les hommes.»

épiscopale? Comme alors le nouvel archevêque avait à craindre que ces droits ne lui fussent disputés avec plus de hardiesse qu'ils ne l'avaient été à ses prédécesseurs, parce que le Grand-aumônier de cette époque était l'impérieux cardinal de Bouillon, il crut devoir établir, dès le commencement, sa juridiction archiépiscopale d'une manière formelle, par des actes décidés et tranchans.

D'abord, en 1698, lorsqu'il vint dans la chapelle royale du Louvre, pour recevoir le cordon de commandeur de l'ordre du Saint-Esprit, il y fit porter devant lui sa croix archiépiscopale. Mais l'abbé Oroux ne veut pas que cette croix ainsi portée soit un signe de juridiction archiépiscopale, parce que, dit-il, « le prétendre serait contredire la Clémentine *Archiepiscopo*, approuvée par le concile de Vienne (en 1311), laquelle *permet* aux archevêques de faire porter leur croix, même dans les *lieux exempts* de leur juridiction (1) », c'est-à-dire dans certaines abbayes, certains monastères; mais le raisonnement de l'abbé Oroux est un sophisme, et ne repose que sur une supposition fausse. La Clémentine *Archiepiscopo*

---

(1) Tome II, pag. 570.

ne fut point présentée au concile de Vienne, qui par conséquent ne put ni l'approuver ni la désapprouver (1). Loin de vouloir que les moines de ces *lieux exempts* fussent exempts, sous tous les rapports, de la juridiction de l'ordinaire, les pères de ce concile s'élevèrent très-sévèrement contre les religieux qui administraient les sacremens de mariage, d'eucharistie et d'extrême-onction, sans la permission du curé ou de l'évêque : le concile prononça même contre eux une sentence d'excommunication (2). L'abbé Oroux ignorait-il donc que, malgré le privilége d'exemption dont jouissaient ces abbayes et ces monastères, les évêques des diocèses sur lesquels ils se trouvaient, n'en

---

(1) Il n'en est fait aucune mention par le P. Labbe dans sa *Collectio conciliorum*. Voyez le concile de Vienne à l'an 1311. Van-Espen démontre dans ses observations *in Clementinis*, à la page 149 de son tome IV de *Jus ecclesiasticum universum*, que toutes les constitutions que Clément V, à sa mort, voulait faire imprimer comme publiées dans le concile de Vienne, n'y avaient pas été présentées; que même elles n'étaient pas encore faites à l'époque du concile; qu'ainsi Jean XXII, en publiant toutes les Clémentines comme approuvées par le concile, a suivi trop aveuglément l'intention de Clément V.

(2) *Concilium Viennense : capit. De excessibus privilegiatorum.*

conservaient pas moins le droit d'y venir faire les fonctions pontificales, suivant leur dignité, en vertu des restes de juridiction qu'un évêque retient toujours sur les lieux même exempts de son diocèse? Ainsi l'affirme Van-Espen, en faisant observer que c'était là un principe qu'avait suivi, en 1593, le conseil privé du roi de France, dans les jugemens qu'il rendit les 21 août et 25 septembre, en faveur de l'évêque de Saint-Omer, contre l'abbé et le couvent de Saint-Bertin situé dans sa ville épiscopale (1). Toujours les priviléges des abbayes et monastères furent restreints en ce sens, dès le commencement même de la seconde dynastie, comme Baluze le fait observer. La juridiction des évêques conservait en ces lieux *exempts*, presque toute son intégrité, car le capitulaire de Charlemagne, fait en plein synode à Francfort, en 794, statua, par son chapitre XV, «que, lors même que le roi aurait ordonné aux religieux d'une congrégation de se rassembler pour élire un abbé, ils ne pourraient procéder à l'élection sans en avoir obtenu le consente-

(1) *Jus ecclesiasticum universum*, pars 1, tit. 16, cap. *De curâ episcopali*, n° 9; et *Registrum manuscriptum archiepiscopatûs Mechliniensis*, centuria 2, art. 88.

ment de l'évêque diocésain (1). » D'autres faits postérieurs rappelés par Baluze, montrent que les ordinaires ne cessèrent pas de conserver une juridiction sur les *lieux exempts*. Ainsi donc, quand même il serait vrai, comme l'assure l'abbé Oroux, que M. de Noailles ne s'en reconnut aucune sur l'abbaye de Saint-Germain-*des-Prés*, à Paris, en répondant à l'abbé, le cardinal de Furstemberg qui ne voulait pas qu'il y vînt avec sa croix archiépiscopale pour le sacre du jeune abbé de Rohan, en 1701, « que, dans son assistance à cette cérémonie, sa croix ne serait qu'un signe d'honneur et de dignité, conformément à ce qui est prescrit par la Clémentine *Archiepiscopo* (2); » quand même, disons-nous, cette réponse serait authentique, le principe n'en subsisterait pas moins, et les jugemens du conseil privé du roi n'en conserveraient pas moins toute leur force. M. de Noailles ne voulait pas, plus qu'il ne le pouvait, sacrifier pour l'ordre des métropolitains, le signe caractéristique de juri-

---

(1) *Ut abbas in congregatione non eligatur, ubi jussio regis fuerit, nisi per consensum episcopi illius.* (Capitularia regum, tome I, page 266, et tome II, page 1045.)

(2) Tome II, page 570.

diction attaché à la croix portée devant eux. Tous les canonistes, Van-Espen (1), Févret et ceux qu'il cite (2), le cardinal de Lucca lui-même, affirment que cette élévation de la croix archiépiscopale portée devant un métropolitain, est le signe de sa juridiction (3).

Mais bien certainement on ne niera pas que ce ne fût comme signe de juridiction qu'en 1710, M. de Noailles, ayant revendiqué sans opposition le droit de bénir la chapelle de Versailles nouvellement construite et située sur son diocèse, fit porter devant lui sa croix archiépiscopale dans cette cérémonie. Qu'importe, que le Grand-aumônier d'alors, qui était le cardinal de Janson, évêque de Beauvais, fût resté dans son diocèse, et la cour à Marly; qu'au retour de ce prélat, le roi eût dit qu'il n'avait pas voulu se trouver à la cérémonie, comme l'assure l'abbé Oroux qui en triomphe bien puérilement? Tout cela ne prouve aucunement que l'archevêque de Paris n'avait pas le droit de bénir la chapelle. Si le Grand-aumô-

---

(1) *Jus ecclesiasticum universum*, pars 1, tit. 16, cap. v *De curâ episcopoli*, n° 13.

(2) *Tractatus de abusu*, sect. III, cap. 2, § 12 et seq.

(3) *In annotationibus ad concilium tridentinum*, disc. VI.

nier eût pu se l'approprier, cette appropriation n'aurait-elle pas été faite par son suppléant, le premier aumônier, Henri Charles du Cambout, duc de Coislin, évêque de Metz, qui était à Marly avec le roi?

Les abbés et les évêques de cour s'en indisposaient contre l'archevêque de Paris, en même temps que les jésuites, qui n'avaient pu le subjuguer, suivant qu'ils se l'étaient proposé, comme le raconte le chancelier d'Aguesseau (1), excitaient contre lui un violent orage, en l'accusant de jansénisme pour le faire exiler par le roi, et ensuite dépouiller par le pape de son archevêché et de son chapeau de cardinal. Ce n'est pas ici le lieu d'exposer tout ce que l'odieux père Tellier (2), confesseur du roi,

---

(1) *Mémoires sur les affaires de l'église*, au tome XIII de ses œuvres, édition in-4° ; voyez la page 164.

(2) L'abbé Oroux dit (page 556 de son tome II) : « Le P. Tellier, qui prit alors le nom de Le Tellier, était un homme sombre, dur, inflexible, d'un zèle qui, s'il était pur dans l'intention, n'était assurément pas conduit par la prudence, et où il entrait au moins autant d'emportement et d'amertume que d'amour pour la vérité. C'est à ce personnage turbulent et dangereux que fut confié le poste qui demandait le sujet le plus vertueux et le plus modéré. Les disputes dans lesquelles, pour la défense de sa com-

dispensateur des abbayes et évêchés, machine contre son archevêque; mais il est bon de rappeler que cet abbé Bochard de Sarron, qui, participant aux manœuvres du père Tellier, envoya à quelques évêques, vers le milieu de juillet 1711, pour qu'ils les signassent, des lettres dictées par ce religieux, et adressées en leur nom au roi, à qui ils seraient censés dénoncer M. de Noailles comme janséniste; il est bon, disons-nous, de rappeler que cet abbé était trésorier de la sainte chapelle de Vincennes, dépendante de la Grande-aumônerie.

Quand l'archevêque se plaignit de cet indi-

---

pagnie sur toutes choses, il s'était engagé en faveur des cérémonies chinoises avec le docteur Arnaud, devinrent le germe de l'implacable guerre qu'il fit aux disciples de Jansénius et à leurs amis, lorsque honoré de la confiance du souverain, il se vit maître de tout oser. Il est certain que le P. Le Tellier abusa souvent de son pouvoir, et que sans avoir fait tout le mal qu'on lui attribua, il en a fait beaucoup trop. Et qu'on ne cherche pas à l'excuser, en disant que son zèle ne s'exerçait que contre les ennemis de la saine doctrine. N'est-ce pas toujours un malheur pour la bonne cause, quand ses défenseurs donnent prise sur eux-mêmes par des travers qui les rendent également *odieux* et méprisables? » La *Biographie universelle* fait au contraire un grand éloge de ce confessseur de Louis XIV, comme de tous les hommes de son parti.

gue manége par des lettres du 25 juillet au Roi, au Dauphin, à madame de Maintenon, il n'hésita point à déclarer qu'il avait la haute juridiction spirituelle sur la cour; qu'il pouvait même interdire au jésuite l'exercice de sa fonction de confesseur du Roi : et personne n'osa s'en formaliser, ni contester que sa juridiction pût aller jusque-là, malgré les bulles de Clément VI. Il écrivit encore au monarque, le 11 août, en ces termes : « Votre Majesté peut-elle en conscience laisser son âme en de telles mains; et puis-je y contribuer *en donnant mes pouvoirs* à un homme qui en fait un si mauvais usage? Quand je ne serais pas *chargé du salut de Sa Majesté comme son archevêque*, attaché à elle au point que je le suis, je ne laisserais pas d'être très-sensible à ce que sa conscience n'est pas en bonne main. »

On ne crut pas mieux devoir récriminer contre la juridiction que l'archevêque continua de s'attribuer sur le confesseur même du roi, lorsque, neuf jours après, ayant refusé de renouveler les pouvoirs de quelques jésuites (1)

(1) L'abbé Oroux exagère beaucoup trop en disant : « Tous, à l'exception (seulement) du plus coupable et de quelques autres qui, comme lui, dirigeaient des princes

qui triomphaient ouvertement de son peu de crédit, l'accusaient de jansénisme avec plus d'éclat, et persistaient à ne vouloir pas souscrire la censure portée par l'assemblée du clergé en 1700 contre leurs propositions de morale relâchée, ce prélat écrivit à madame de Maintenon le 20 août : « Je donne de nouveaux pouvoirs au P. Tellier, quoique ce soit celui qui mérite le mieux de n'en point avoir; j'en fais le sacrifice au roi, et les remets à sa conscience, priant continuellement notre Seigneur de lui faire connaître le péril qu'il court en confiant son âme à un homme de ce caractère. » Il est donc bien évident que le confesseur du roi, tout choisi et nommé qu'il était par le monarque, avait besoin des pou-

---

et des princesses » (tom. II, pag. 572). La révocation des pouvoirs à tous les jésuites, pour cause de morale relâchée et de soulèvemens contre l'archevêque, n'eut lieu que le 20 novembre 1715; encore signa-t-il alors des approbations pour six jésuites de la maison de Saint-Louis, pour quatre du collége et deux du noviciat, jusqu'au 15 août de l'année suivante, autorisant encore *ad libitum* de vive voix les PP. de Lignières, de Trevoux, de La Rue, Gaillard, Martineau et Tournemine. Il y en avait quelques-uns dont les pouvoirs donnés antérieurement allaient jusqu'en septembre ou octobre de la même année 1716.

voirs de l'ordinaire pour confesser Louis XIV, et même qu'on ne contestait pas à l'archevêque le droit de les lui retirer.

Le P. Laferté, dont les pouvoirs prorogés expiraient le 15 août 1716, venait d'être nommé pour prêcher l'avent suivant dans la chapelle du roi au Louvre. Ni lui, ni ses supérieurs ne demandèrent le renouvellement de ses pouvoirs; et, sur une simple lettre que lui écrivit, la veille de la fête de tous les saints, le cardinal de Rohan, Grand-aumônier, il prêcha dans cette chapelle le lendemain devant Louis XV; mais encore cette lettre n'était point faite dans le sens d'une revendication des droits du Grand-aumônier pour approuver les prédicateurs, pas plus que les confesseurs du roi. Il y avait dit seulement : « Monseigneur le duc d'Orléans (régent du royaume) m'a ordonné de vous porter l'ordre de venir demain prêcher devant le roi, et un ordre répété et appuyé devant madame la duchesse de Ventadour (gouvernante) : en telle sorte que vos raisons particulières ne peuvent plus tenir contre le respect que vous devez au roi et à S. A. R. (1). » Le P. Laferté prêcha donc au

(1) *Journal* de Dorsanne, pag. 162, tom. II, édit. in-12, 1756.

Louvre le jour de Toussaint, sans approbation de l'ordinaire. L'archevêque s'en plaignit au régent, et le régent lui-même décida que le P. Laferté ne continuerait pas sa station. Ce fut dans cette occasion que le prince nomma pour confesseur du jeune roi, l'abbé Fleury, alors âgé de soixante-quinze ans, et déjà approuvé par l'archevêque pour tout son diocèse; le choisissant de préférence, disait-il, « parce qu'il n'était ni jésuite, ni janséniste, ni ultramontain. » Les curés de Paris et la Sorbonne témoignèrent, par des actes publics, que l'audace du P. Laferté les avait indignés; et ces actes partaient de la conviction générale et fondée que la chapelle royale était sous la juridicton spirituelle de l'archevêque.

Lors du traité de paix que le régent fut obligé de faire avec l'Espagne en 1722, le P. d'Aubenton, redevenu confesseur de Philippe V, l'ayant porté à exiger formellement que le roi de France prendrait un jésuite pour confesseur, et que l'abbé Fleury serait renvoyé (1), le régent ne pouvant plus se dispenser de remplir cette clause secrète du traité, jeta les yeux sur le P. Taschereau de Lignières, qui

(1) *Journal* de Dorsanne, tom. IV, pag. 50.

était déjà le confesseur de Madame. L'archevêque fit observer au prince que les pouvoirs qu'il avait donnés à ce jésuite, n'étaient que pour cette princesse. Il persistait dans les raisons qu'il avait exposées précédemment au régent en septembre 1715 dans un mémoire en quatre articles, et que le régent avait trouvées fort justes, que le cardinal de Rohan lui-même avait approuvées. Ces raisons démontraient que l'on ne devait point donner au roi pour confesseur un homme de communauté, parce que le zèle et l'attachement pour les intérêts d'un corps dans lequel on a été élevé, inspirent presque toujours le désir d'en accroître le crédit et les richesses; que ces inconvéniens seraient bien plus à craindre si l'on choisissait un confesseur parmi les jésuites, dont l'archevêque faisait redouter la morale et la politique. C'était dans ce mémoire qu'il avait parlé comme d'une chose notoire à la cour, du quatrième vœu jésuitique que le père Tellier avait fait prêter à Louis XIV, dans les derniers temps de sa vie, après avoir précédemment exigé de lui les trois autres.

L'archevêque déclara au régent qu'il ne donnerait point de pouvoirs au P. de Lignières, ni à aucun autre jésuite, pour le roi; et le régent lui répondit qu'il ne lui demanderait rien contre sa conscience. Le P. de Lignières étant venu demander des pouvoirs à l'archevêque le 31 mars 1722, le prélat les lui refusa. L'abbé Fleury fut frappé d'apoplexie, et ne put confesser Louis XV le jour de Pâques; le cardinal Dubois voulait que, même sans pouvoirs, le P. de Lignières confessât le roi : d'autres, plus respectueux que ce cardinal pour les lois de l'Église, proposèrent l'abbé d'Argentré, aumônier du roi par quartier; et cet abbé alla demander des pouvoirs à l'archevêque (1). Sur ces entrefaites, le maréchal de Villeroi, gouverneur du jeune monarque, l'avait fait confesser à l'abbé Chuperel, chapelain de la chapelle, approuvé de l'archevêque et confesseur des Suisses. Mais le P. de Lignières n'en voulut pas moins figurer comme confesseur, en assistant au sermon avec l'habit de cette qualité, et en accompagnant le roi avec ce costume quand il alla pour l'office le lundi de Pâques à Saint-Germain-l'*Auxerrois*. Mais le dimanche de *Quasimodo*, ce jésuite voyant

---

(1) *Journal* de Dorsanne, tom. IV, pag. 48.

à la chapelle l'abbé Chuperel avec le roi, se retira; et cet abbé confessa encore le jeune monarque, la veille de la Pentecôte.

Le cardinal de Rohan qui avait auparavant pensé comme l'archevêque, qu'il ne fallait pas donner pour confesseur à Louis XV, un homme de communauté, s'étant laissé gagner par les jésuites, écrivit au pape pour lui demander d'autoriser, par un bref, le P. de Lignières à confesser le roi, nonobstant l'opposition de l'archevêque (1) : par où l'on voit, 1° que la bulle de Clément VI qui avait donné cette autorisation, n'était plus regardée comme valable, et 2° que le Grand-aumônier ne croyait pas avoir par lui-même une haute juridiction spirituelle et indépendante sur la cour.

Cependant, par une contradiction facile à comprendre chez les hommes de cour, en matière de lois ecclésiastiques, ce Grand-aumônier prétendit avoir le droit d'administrer au roi le sacrement de confirmation. L'archevêque lui envoya, le 21 mai, un *Mémoire* pour lui prouver que cette fonction ne pouvait appartenir au Grand-aumônier, « parce qu'il n'avait ni droit

---

(1) *Journal* de Dorsanne, tom. IV, pag. 76.

ni privilége de faire des fonctions épiscopales à la cour (1). » Quand l'archevêque vit que, profitant de son puissant crédit, le cardinal de Rohan allait faire malgré lui cette cérémonie, comme il le lui déclarait dans une lettre où il disait que les réflexions de l'archevêque attaquaient les droits du Grand-aumônier; *qu'il ne pouvait en peu de temps répondre à tout ce qui était avancé dans le mémoire;* que la confirmation du roi pressait; qu'il ne convenait pas de la différer plus long-temps, et qu'il espérait que le régent déciderait en faveur de la dernière possession; qu'il était certain que le Grand-aumônier avait confirmé les ducs de Bourgogne, d'Anjou et de Berri; l'archevêque prit le parti d'autoriser lui-même le cardinal de Rohan à confirmer le roi. Il lui écrivit que « si le régent voulait juger la provision sans donner atteinte au fond, c'était à l'archevêque de Paris qu'elle devait être donnée, puisqu'il avait pour lui le droit commun, et que le cardinal de Rohan ne s'appuyait que sur une juridiction de privilége dont il n'apportait aucun titre; que si cependant S. A. R. voulait que ce

(1) *Journal* de Dorsanne, pag. 52; *ib.* pag. 82.

fût le cardinal de Rohan qui confirmât le roi, il lui en accorderait le pouvoir, afin que ce sacrement fût administré légitimement. »

C'est ainsi que le roi fut confirmé le 9 août par le cardinal de Rohan, à Versailles, après avoir été confessé à l'abbaye de Saint-Cyr sur le diocèse de Chartres, par le P. de Lignières, avec l'approbation de l'évêque de ce diocèse, très-dévoué aux jésuites : ce qui se pratiqua encore la veille de l'Assomption pour la première communion de Louis XV, dont le cardinal de Rohan fut encore le ministre à Versailles, le jour de l'Assomption. S'il eût cru lui-même bien fondée sa prétention de juridiction épiscopale indépendante sur la cour, il n'aurait pas souffert que le P. de Lignières allât se munir des pouvoirs de l'évêque de Chartres.

Le bref demandé était cependant arrivé depuis les derniers jours de mai; et il ne tranquillisait point les consciences mêmes qui voulaient soustraire la cour à la juridiction de l'archevêque. Le régent lui-même restait indécis, d'après la réponse que lui avait faite à ce sujet le maréchal de Villeroi. Celui-ci, qu'il avait consulté, avouant n'entendre rien aux affaires de conscience, avait eu recours au supérieur du séminaire de Saint-Nicolas *du Chardonnet*,

M. Polet, et à un docteur de Sorbonne, ci-devant recteur de l'université, lecteur du duc de Bourgogne, l'abbé Vittement. Ces deux ecclésiastiques, dont le maréchal rapporta la réponse au régent, lui avaient dit : « qu'absolument parlant le pape pouvait accorder au P. de Lignières le pouvoir de confesser le roi; mais que l'archevêque ayant eu de bonnes raisons pour le lui refuser et à toute la Société, il était juste d'y entrer et de lui donner une entière satisfaction; qu'il était aisé de voir que la mauvaise doctrine des jésuites était le motif des refus de l'archevêque; que le refus que les jésuites faisaient de souscrire la censure de 1700, l'autorisait à juger que leur doctrine était mauvaise; qu'ainsi, pour tout concilier, il fallait engager les jésuites à adopter et signer cette censure (1). »

Le Grand-aumônier était bien loin de songer aux prétentions de sa charge, lorsque, parlant du bref, et s'applaudissant de l'avoir tel qu'il l'avait demandé, il disait ; « que si l'archevêque gardait le silence lorsque le P. de Lignières ferait usage du bref, il autoriserait les prétentions de Rome; que, s'il agissait contre,

(1) *Journal* de Dorsanne, tom. IV, pag. 52.

on appellerait à l'officialité primatiale de Lyon, de ce que l'officialité métropolitaine de Paris aurait fait contre l'usage de ce bref. » Le procureur du roi au parlement, M. de Blanmesnil pensait, au contraire, que si le P. de Lignières faisait ce que le bref l'autorisait à faire, il courrait risque d'être excommunié; et le premier président avec plusieurs conseillers canonistes étaient du même avis (1).

On jugea prudent de négocier avec l'archevêque; et les négociations se prolongèrent jusqu'au 22 mars, dimanche des rameaux, 1723, où le P. de Lignières, tout breveté qu'il était par le pape, pour confesser le roi, fut obligé de venir reconnaître aux pieds de l'archevêque sa juridiction sur la cour, sur la chapelle royale, sur la personne même du roi; et voici comme les *Mémoires* du temps, cités en d'autres choses, comme authentiques, par l'abbé Oroux lui-même, racontent cet acte de soumission (2). « L'archevêque dit nettement au P. de Lignières ce qu'il pensait sur la morale des jésuites; qu'il était honteux qu'il suffit d'attaquer la mauvaise morale pour être de leurs ennemis

(1) *Journal* de Dorsanne, tom. IV, pag. 76.
(2) *Ibid, ibid*, pag. 155.

et aussitôt déclaré janséniste; qu'après tant de condamnations faites par le pape et par le clergé de France de leurs mauvaises maximes, on voyait encore ces maximes soutenues dans plusieurs de leurs colléges, et entre autres à Vannes, Caën, Rhodez, etc. Le P. de Lignières avoua qu'il y avait parmi eux des théologiens étourdis. Il assura l'archevêque que le P. Harivel, théologien de Vannes, avait été chassé de la société. Il promit de se conformer à la doctrine du clergé de France, et en particulier à la censure de 1700; et c'est sur cette promesse que l'archevêque lui donna le pouvoir de confesser le roi. »

Dans toute cette discussion, l'on ne s'était point arrêté à l'objection du Grand-aumônier, qui, non pour s'attribuer le droit de donner des pouvoirs au confesseur du Roi, mais pour faire valoir le bref qui en accordait au P. de Lignières, pour tous les lieux où serait le monarque, disait « que le sort du Roi serait bien à plaindre, si le Roi dépendait de la fantaisie des évêques pour son confesseur; que lorsqu'on serait à Fontainebleau, l'archevêque de Sens serait le maître d'empêcher le Roi d'approcher des sacremens, en refusant d'approuver son confesseur; que, lorsque le Roi serait à la tête des armées, il dépendrait de l'évêque de Tournay, ou de quelqu'autres, etc. (1). » L'objection n'était que spécieuse, sans être fondée, parce que, dans tous les diocèses où le Roi se transportait, son confesseur approuvé par l'évêque du lieu de sa principale résidence, l'était suivant un usage ancien par tous ceux des diocèses où il passait avec le monarque, quand ces évêques ne déclaraient pas le contraire(2) : et cet usage remontait aux premiers temps de la seconde dynastie, où le prêtre Fulrad, abbé de saint-Denis, ayant été choisi par Pépin le *bref* pour son chapelain, les évêques lui remirent la portion de leurs pouvoirs qui pour-

(1) *Journal* de Dorsanne, *Ibid.* page 77.

(2) Il est bon d'apprendre à ces hommes nouveaux qui croient tout savoir sans étude, qui décident de tout sans avoir seulement daigné interroger les aînés, suivant le conseil de l'Esprit-Saint; il est bon de leur apprendre que, jusqu'à notre funeste révolution de 1789, le confesseur du roi, en s'arrêtant avec lui dans ses voyages, ne manquait jamais de s'entendre avec l'évêque du lieu de séjour; qu'il n'est aucun de nos anciens prélats qui n'ait même toujours vu, au passage des régimens dans sa ville épiscopale, leurs aumôniers venir lui rendre un hommage de soumission. L'accueil par lequel il répondait à cette visite ne s'entendait pas autrement que d'une autorisation pour exercer leur ministère dans toute l'étendue de son diocèse.

rait lui être nécessaire dans tous les cas de voyage du monarque, comme on l'a vu au commencement de la présente dissertation.

§ V.

Quelle est, surtout depuis le concile de Trente, la valeur des priviléges accordés au confesseur du roi, par les bulles des XIIIe *et* XIVe *siècles?*

L'usage dont nous venons de parler a déjà fait évanouir la principale objection d'une consultation faite en faveur du P. de Lignières, au préjudice de son archevêque, M. de Noailles, et attribuée, non toutes fois sans défiance, au célèbre jurisconsulte d'Héricourt, par les éditeurs de ses *Œuvres posthumes*, publiées en 1759, sept ans après sa mort. Ce n'était pas sans doute pour nous la faire prendre en estime que 1° ils prévinrent qu'ils l'avaient trouvée sans date ni signature, quoique toutes les autres fussent datées et la plupart signées par d'Héricourt; et 2° qu'ils y ajoutèrent cette observation peu favorable : « La consultation serait plus satisfaisante, si l'auteur n'avait pas oublié de prouver que les papes ont le droit d'accorder des priviléges, tels que ceux des bulles de Clément VI, » sur lesquelles seules cette consultation s'appuyait. Elle était à la vérité de l'écriture de d'Héricourt; mais il pouvait n'avoir fait que la copier sur le manuscrit d'un autre, pour la réfuter; car elle est si faible, si fautive et si incohérente avec les principes de ce célèbre jurisconsulte, qu'on ne peut sans injure la lui imputer. Le fait est qu'il avait évité de la reconnaître en aucune manière pour son propre ouvrage; et l'on sait en général quel peu de cas il faut faire des œuvres posthumes, puisque leur auteur aurait craint de compromettre sa réputation en les publiant.

Serait-ce bien d'Héricourt qui aurait pu dire que la bulle par laquelle Clément VI autorisa le roi Jean et ses successeurs à se choisir un confesseur, est *préconisée* par des auteurs notoirement attachés au libertés gallicanes, tels que Dutillet, qui s'était borné à les citer dans son *Inventaire*, et Pithou qui n'avait fait qu'y renvoyer, en citant vaguement une maxime de Vincent Cigault, relative au concordat de 1515 (1)? Est-ce d'Héricourt qui aurait dit

(1) Le livre infiniment rare de Vincent Cigault, d'où la maxime est tirée, a pour titre : *Opus laudabile aureum*

que ce privilége a été approuvé pendant cinq cents ans par l'Église de France, depuis Phi-

---

Vincentii Cigault, et fut imprimé à Lyon en 1517, avec un privilége de François Ier, donné à Issoire, le 20 juillet 1516. C'est un volume in-8° sur deux colonnes, sans pagination, qui se termine par un opuscule intitulé : *Consilium solemne super alienatione justiciæ factâ jurisdictionis judicum, nec non universitatum, collegiorum dignitatumque complectens.* Une pièce de vers latins qui sépare les deux ouvrages est adressée au chancelier Duprat, qui venait de conclure le fameux concordat de François Ier avec Léon X; et la maxime, dont il s'agit, consistait dans ces mots : *Si papa vellet auferre privilegia cameræ regibus Franciæ, non posset, eò quòd sunt affixa sanguinibus regum et causata.* En comptant les pages, on la trouvera à la 50e : le livre en a 350. On y remarque une très-grande connaissance du droit, avec un très-grand dévouement au roi et au chancelier. Cet auteur, qu'aucun de nos biographes modernes ne paraît avoir connu, était né au Puy-en-Velay, sous le règne de Charles VIII, comme il le dit lui-même à la page 295, dans son chapitre *Sententiæ excommunicationis à quâ rex Franciæ est exemptus multis rationibus, etc.* On voit par les titres de Cigault, rapportés dans le *Privilége*, qu'il était licentié en droit, et juge ordinaire en la ville et comté de Brivadois.

Pithou, au surplus, dans la citation de la maxime était si éloigné de l'opposer à la juridiction des évêques, que, dans son § LXXI, il s'appliquait à démontrer que « les exemptions étant contre le droit commun, les papes n'ont pu les octroyer sans le consentement des évêques; » et il ren-

lippe-le-Hardi, à qui Grégoire X l'aurait eu déjà accordé, mais pas plutôt qu'en 1270; et par conséquent jusqu'en 1770? L'auteur de la consultation n'écrivait qu'en 1723, où il s'en fallait encore de près d'un demi-siècle que les cinq cents ans fussent révolus. Les droits de l'ordinaire n'avaient-ils pas été vivement revendiqués au moins depuis 1547, comme nous l'avons démontré par des faits? Il était si peu vrai, de l'aveu même de l'auteur de la Consultation, que ce privilége eût été approuvé cinq cents ans, que cet auteur convenait en 1723, « que dans les derniers temps, nos rois ne s'étaient confessés qu'à des prêtres approuvés par l'ordinaire. »

Serait-ce d'Héricourt qui aurait osé dire que les pères du concile de Trente, en exigeant, par leur décret du ch. 15 de la session XXIII, « que les confesseurs qui ne seraient pas curés, fussent munis des pouvoirs de leur évêque, » avaient excepté les confesseurs des rois, *par cela seul qu'ils n'en avaient pas parlé;* que le privilége accordé par Clément VI était du

---

voyait, pour surabondance de preuves, au chapitre 2 des dissertations de Florent sur le chapitre *Auditis de præscriptionibus.*

nombre de ceux que le concile n'aurait pas eu *le droit* de révoquer, comme si ce privilége appartenait aux choses mixtes ou purement civiles? Pie IV n'a-t-il pas déclaré dans sa constitution du 13 des calendes de mars 1565 (17 février), par laquelle il publiait et expliquait sur ce point les intentions du concile, clos le 4 décembre 1563, « que tous les priviléges accordés par le saint-siége, *sans en excepter aucun*, s'ils étaient contraires aux décrets du concile, se trouvaient révoqués ; et qu'on devait se conformer aux termes du concile (1) ? » Ce privilége, d'ailleurs, était certes bien du

(1) *Cùm in eodem concilio... multa atque diversa privilegia, exemptiones, etc., et aliæ gratiæ, quæ... laïcis cujuscumque dignitatis ac gradus, et excellentiæ, ac etiam ducali, regiâ et imperiali dignitate fulgentibus... per plures Romanos pontifices prædecessores nostros, ac nos et sedem apostolicam... quæ decretis contrariantur. Nos, quibus imprimis cordi est, tam sancta et ecclesiæ Dei saluberrima decreta suos, ut par est, effectus ubique consequi, et ab omnibus obedienter observari, privilegiorum, exemptionum, etc... Quod eadem omnia et singula privilegia, exemptiones, etc., ac si de verbo ad verbum insererentur, præsentibus pro sufficienter expressis, in quibus statutis et decretis concilii contrariantur, ipso jure revocata, cassata, et annullata, ac ad ipsius concilii terminos atque limites reducta sint et esse censeantur, etc., etc.*

genre de ceux qui, accordés *variis titulis*, même aux *capellanis regiis*, étaient mentionnés dans la décrétale d'Innocent III, *Cum capella* (1). Or, ces priviléges n'ont-ils pas été annullés par le concile de Trente en sa session XXIV, par son décret du ch. 9, où il veut que les *capellani regii* soient, comme les *comites palatini*, soumis aux ordinaires pour les choses spirituelles ?

Le subterfuge de la non-expression formelle du privilége dont il s'agit dans le décret du concile, était emprunté à un P. Jacques de Saint-Antoine (2); mais avec quelle force Fagnani ne s'était-il pas élevé contre ce stratagème de la mauvaise foi ? « Si l'on pouvait admettre ce principe, disait-il, les décrets du concile de Trente resteraient sans effet, ou n'en auraient que bien peu (3). » Zypæus (Van-den-

---

(1) Lib. 1. Decretal. *De Privilegiis et excessu privilegiorum*, c. 16.

(2) *Consult.* II; *Resol.* 25, n° 367.

(3) Prosper Fagnani, secrétaire de diverses congrégations de cardinaux à Rome, et consulté comme un oracle dans la dernière moitié du XVIe siècle. Voyez son ch. 28, § *de Rescriptionibus*, n° 45 et 47, où il dit : *Si aliter haberet, nullus certè aut exiguus decretorum Synodi Tridentinæ esset effectus.*

Zype), autre canoniste d'une grande autorité, parlant du ch. 6 de la session XXV, où est rappelé le décret du chap. 4 de la session VI, affirmait que « le but constant du concile avait été de rendre tout entière aux évêques leur légitime juridiction, altérée par beaucoup de priviléges pontificaux; et que, loin d'avoir voulu qu'elle fût restreinte, il avait eu l'intention de l'augmenter pour le maintien de la discipline ecclésiastique (1). » Van-Espen et tous les autres canonistes sont du même avis. Van-Espen fait même observer que le troisième concile général de Latran, en 1179, dans son canon 9, avait regardé comme une source de scandales pour les peuples et de dangers pour les âmes, comme excédant même l'autorité du saint-siége, ces indults à priviléges qui restreignent celle des évêques (2).

---

(1) Ce canoniste, archidiacre d'Anvers, mort en 1650 dit dans ses œuvres, imprimées en 1675, en parlant du décret du ch. 6 de la session XXV : *Illud autem est assiduum concilii propositum restituere episcopis legitimam jurisdictionem, multis ante privilegiis accisam; augere potiùs prò tuendâ Ecclesiæ disciplinâ, quàm minuere.* (Consult. IV *de Officiis ordinarii.*)

(2) *Jus canonicum universum*, tom. IV, pag. 19. *Observationes in canones concilii Lateranensis III.*

Que, si nous appliquons aux bulles à privilèges des XIIIe et XIVe siècles, que nous avons rapportées, ce que le même canoniste dit en général des bulles de ce genre, nous saurons à quoi nous en tenir sur les *vingt-deux* qu'*en un seul jour* Clément VI accorda au roi Jean, et, par une suite naturelle, sur toutes les autres qui leur sont corrélatives. « Les bulles à priviléges contraires aux institutions canoniques, dit Van-Espen, peuvent être à juste titre rejetées par les évêques comme subreptices ou extorquées au siége apostolique, soit en abusant des trop grandes occupations dup ontife, soit en le fatiguant par des importunités : les évêques du moins peuvent en suspendre l'exécution, jusqu'à ce qu'ils soient mieux informés des intentions du pape de qui ces bulles émanent (1). »

Serait-ce enfin d'Héricourt qui, alléguant un décret de la congrégation établie à Rome pour l'interprétation du concile de Trente, par lequel, en janvier 1577, elle aurait déclaré que les grâces expectatives accordées par les rois en vertu des indults, n'étaient point comprises

(1) *Ibid*, tom. II, pag. 852, dans *Repagulum canonicum*, pars II, cap. 2.

dans les révocations générales des indults, faites par le ch. 19 de la session XXIV; serait-ce lui qui en aurait conclu qu'il en était de même du décret du ch. 15 de la session XXIII, qui exige des prêtres l'autorisation de leur évêque, pour confesser; comme s'il pouvait y avoir quelque parité entre le pouvoir d'absoudre validement, chose toute spirituelle; et l'assurance d'être pourvu d'un bénéfice quand il viendrait à vaquer, chose qui appartient plus au temporel qu'au spirituel?

Mais cette congrégation en avait fait ellemême très-formellement la différence dans son interprétation du ch. 15 de la session XXIII, en déclarant « qu'aucun prêtre, sans exception, ne pouvait entendre les confessions des séculiers sans être approuvé par l'évêque, même *dans les lieux exempts* qui sont dans l'étendue de son diocèse; ni administrer les autres sacremens sans sa permission (1). » Pour qu'on ne

(1) *Nullus potest audire confessiones sæcularium, nisi sit approbatus ab episcopo, etiam in locis exemptis, si illa sint intra diœcesim : item, nec alia sacramenta ministrare sine licentiâ.* (Voyez *Novæ declarationes congregationis cardinalium ad decreta sacro-sancti concilii Tridentini, eisdem declarationibus conserta, cum observationibus cardinalis Bellarmini; Lugduni,* 1633, sur le chapitre 15 de la session XXIII *de Reformatione.*)

se fît aucune illusion sur ce point, le cardinal Bellarmin, dans ses *Observations doctrinales* à cet égard, répondait à ceux qui prétendaient que cela ne regardait point le cas où un prêtre non approuvé aurait été choisi par un *personnage quelconque*, auquel aurait été accordé le privilége de se choisir un confesseur : « Je ne crois point, disait Bellarmin, que maintenant ce *personnage* puisse faire un tel choix, depuis le décret du ch. 15 de la session XXIII, d'après lequel aucun prêtre non curé n'est apte à remplir l'office de confesseur, s'il n'est approuvé par l'évêque ; parce que la faculté de choisir un confesseur ne peut donner par elle-même ce qui manque au prêtre qui par lui-même est inhabile à la fonction de confesser, quand il n'a pas observé la règle prescrite par le décret, quoiqu'il ne l'eût pas été avant le concile (1). »

(1) *An habens potestatem eligendi sibi confessorem, possit sibi eligere simplicem sacerdotem nondùm approbatum ad confessiones audiendas? Videtur hodiè quod non, per hunc textum* (*Quamvis presbyteri*, cap. 15, sess. XXIII), *secundùm quem nullus idoneus ad hoc munus, nisi beneficium pastorale habeat, aut ab episcopo fuerit approbatus; et sic facultas eligendi confessarium non potest tribuere materiam ei qui per se est inhabilis, non ob-*

Rien après tout ne montre le vide de la décision du jurisconsulte quel qu'il fut, comme la demande que le Grand-aumônier lui-même, le cardinal de Rohan, fit dans le même temps au pape, d'autoriser, par un bref spécial, le P. de Lignières à confesser le jeune Louis XV. L'aurait-cru nécessaire, si les bulles de Grégoire X, de Clément VI, etc., etc., n'eussent pas été regardées comme révoquées par le concile ? Et ce bref qu'on obtint, ne parut pas d'une valeur incontestable, puisqu'on crut nécessaire d'obliger le P. de Lignières à toutes les soumissions possibles envers M. de Noailles pour qu'il en obtint des pouvoirs. On avait présent à l'esprit cette clause de la bulle de Pie VI déjà citée, dans laquelle, après avoir déclaré que les priviléges antérieurs étaient annulés, ce souverain pontife ajoutait « que ceux qui pourraient être surpris à l'avenir au Saint-Siége, seraient nuls, s'ils étaient contraires aux décrets du concile (1). »

---

servatâ formâ hujus textûs, sicut poterat ante concilium. (*Novæ Declarationes, etc.*) Voyez la note précédente.

(1) *Quæ..... in posterùm fient, in his, in quibus dicti concilii decretis adversantur, nulla, invalida et irrita esse censeri, ac nemini etiam quantumlibet qualificato, tam in foro (quod aiunt fori), quàm conscientiæ, suffragari posse et debere.* (Bulle du 13 des calendes de mars 1565.)

Cela s'étend, comme on le voit, aux autres prérogatives d'évêque de la cour que le Grand-aumônier se serait appropriées. On ne peut qu'être frappé d'un étonnement que rien ne saurait calmer, quand on pense que ses prétentions n'avaient d'autre fondement que les priviléges du confesseur dont les fonctions, depuis le cardinal de Meudon, étaient étrangères au Grand-aumônier, même comme chef de la chapelle. La possession ne peut d'ailleurs être invoquée au profit de cette dernière dignité (1); elle peut encore moins l'être au profit de la

(1) La dignité de Grand-aumônier n'étant point un bénéfice établi canoniquement, il serait aussi trop ridicule de vouloir la faire jouir des avantages de cette règle *De pacificis possessoribus*, qui met le titulaire d'un bénéfice à l'abri de toute recherche, lorsqu'il a possédé trois ans sans être inquiété dans sa possession. Quand même quelque pape aurait érigé celle du Grand-aumônier en privilége à cet égard, ce qui n'est pas, « il y aurait abus, disent les canonistes; et la longue possession même ne couvrirait pas la nullité d'un pareil privilége. L'abus est imprescriptible; plus il vieillit, plus il est abus : » *Abusus enim perpetuò et continuò gravat; ideòque ab eo in perpetuum appellatur.* (Fevret : *De abusu.* L. I, c. 2, n° 13); et cela es conforme à l'ancien droit romain : *Præscriptio temporis juri publico non debet obsistere* (L. IV, cod. *De operibus publicis*).

charge fiscale de grand distributeur des aumônes du roi; et M. de Noailles reste parfaitement disculpé des reproches de l'abbé Oroux (1).

Il est bon de savoir que jamais, dans les beaux temps de la monarchie, les contestations qui s'élevaient entre l'ordinaire et le Grand-aumônier, n'étaient portées au pape pour qu'il en décidât; c'était à une commission d'évêques que le roi les déférait, soit parce qu'il appréciait le savoir, l'intégrité, comme la juridiction canonique du corps épiscopal, soit parce qu'il sentait que déférer au pape des affaires dans lesquelles les Grands-aumôniers s'appuyaient, quoiqu'à faux, sur des bulles à priviléges, c'aurait été rendre les papes juges dans une cause où ils étaient partie. Il

---

(1) Le Grand-aumônier d'alors n'est porté sur l'état-général de la maison du roi à titre d'anciens gages, que pour .... 1,200 liv. tourn.
Il avait en outre, à titre de pension : 1,200
Pour sa table et sa livrée........ 6,000
Le trésorier du marc d'or lui donnait au 1er janvier........ 3,000
Et, de plus, à raison de ce qu'il était commandeur du Saint-Esprit. 3,000
Total...... 14,400 l. t.

(*État de la France, en* 1699, par le chapelain Trabouillet.)

ne faut donc plus s'étonner que dans les différends des Grands-aumôniers avec l'ordinaire, ils aient toujours cherché à l'avoir pour juge, et que, pour cette raison, le clergé de la chapelle du roi ait constamment penché vers l'ultramontanisme. Il fut même en dissidence presque habituelle de principes et de conduite avec le corps épiscopal, au préjudice de ces *droits communs*, appelés improprement *libertés gallicanes*, auxquels les pères du grand concile d'Afrique, du temps de saint Augustin, avaient rendu un si bel hommage. Dans leur lettre de 424 au pape Célestin, ils s'étaient fait honneur de n'avoir point dérogé aux usages de l'illustre église gallicane (1). Si donc il arrivait que l'ancien corps épiscopal de cette église fût dissous, et que le clergé de la cour devînt le centre où aboutiraient toutes les affaires ecclésiastiques du royaume, l'autorité d'où émaneraient toutes les décisions, la source d'où viendraient les nominations (2), en même temps que les largesses royales en découleraient, l'antique église gallicane disparaîtrait devant un

(1) *Nullâ patrum definitione derogatum est ecclesiæ gallicanæ.*

(2) Faire ainsi du Grand-aumônier le patriarche souverain du clergé français, des archevêques et des évêques, comme des clercs de la chapelle, serait tout confondre et

clergé ultramontain qui rendrait la couronne vassale de la thiare; et la thiare, arbitre suprême du sceptre des rois et de la fidélité de leurs sujets (1), comme on l'a vu en 1801 et 1804; comme le voudraient M. le comte de Maistre et ses prôneurs : inconvénient et danger que sans doute Louis XIV avait prévus, quand il laissa résoudre en fumée, devant la juridiction de son archevêque, les prétentionsde ses Grands-aumôniers à la suprématie d'une autorité spirituelle indépendante de l'ordinaire.

introduire un désordre de tout temps inconnu dans l'Église. L'archichapelain du grand Constantin et de la cour d'Orient, porta bien les titres de *Protopapas*, de *Premier des prêtres*; mais seulement en ce qui concernait le palais de l'empereur et le clergé de sa cour; car les titres, dans leur intégrité, n'étaient que *Protopapas* PALATII; REGIORUM *presbyterorum Primus* (Codinus : *De officiis*. C. VII, n° 20), ou LE GRAND PAPE DOMESTIQUE : *Magnus et Domesticus Papa*. (Constantin Porphyrogenète : *De cæremoniis aulæ Bysantin*. L. II, c. 1, n° 2.)

(1) C'est, dit-on, par un Grand-aumônier que les anti-gallicans ont fait insérer dans le bréviaire de Paris l'office de saint Pie V, qui, professant le même système que Grégoire VII, dont l'office fut supprimé par tous nos parlemens, en 1729, exerça tant qu'il put le même empire sur les têtes couronnées; et c'est par un autre grand aumônier que les mêmes anti-gallicans ont fait demander à Rome la canonisation de la sœur Marguerite-Marie Alacoque.

FIN.

www.ingramcontent.com/pod-product-compliance
Lightning Source LLC
LaVergne TN
LVHW020335230826
846091LV00003B/880
* 9 7 8 2 0 1 2 7 8 1 8 6 3 *